市场营销专业教学改革成果
创新教材

品类管理实训

Pinlei Guanli Shixun

全盼 编著

东北财经大学出版社 大连
Dongbei University of Finance & Economics Press

图书在版编目（CIP）数据

品类管理实训/全盼编著.—大连：东北财经大学
出版社，2017.3
（市场营销专业教学改革成果创新教材）
ISBN 978-7-5654-2565-3

Ⅰ.品… Ⅱ.全… Ⅲ.零售商业-商业管理-高等职业
教育-教材 Ⅳ.F713.32

中国版本图书馆CIP数据核字（2017）第037708号

东北财经大学出版社出版
（大连市黑石礁尖山街217号 邮政编码 116025）
网 址：http：//www.dufep.cn
读者信箱：dufep@dufe.edu.cn

大连力佳印务有限公司印刷 东北财经大学出版社发行

幅面尺寸：148mm×210mm 字数：94千字 印张：5 插页：1
2017年3月第1版 2017年3月第1次印刷
责任编辑：张旭凤 韩敌非 责任校对：那 欣
封面设计：冀贵收 版式设计：钟福建

定价：20.00元

教学支持 售后服务 联系电话：（0411）84710309
版权所有 侵权必究 举报电话：（0411）84710523
如有印装质量问题，请联系营销部：（0411）84710711

序

    《教育部关于以就业为导向　深化高等职业教育改革的若干意见》中清晰、准确地提出了高等职业教育的培养目标，即高等职业教育应以服务为宗旨，以就业为导向……坚持培养面向生产、建设、管理、服务第一线需要的"下得去、留得住、用得上"，实践能力强、具有良好职业道德的高技能人才。高技能人才职业能力的培养离不开实践教学环节，而实践教学环节包括校内实训和校外实践两个部分。市场营销专业是一个操作性、实践性都很强的专业，实践能力在市场营销专业学生的整体素质中居于非常重要的地位，是学生综合职业能力的重要组成部分。因此，如何有效开展市场营销专业校内实训是每一个高职院校市场营销专业必须面对和解决好的问题。

    在现代市场经济条件下，不仅企业存在市场营销活动，而且社会、政治、法律、文化等领域中的非营利性组织和团体也要开展营销活动，市场营销的应用领域事实上已经超出了经济活动的范围，并且越来越受到人们的重视。在职业教育院校，如何切实提高学生的营销技能，使学生具备较强的实际操作能力，是市场营销专业建设的关键之一。

为此，学校如果能够与行业企业紧密合作，以工作过程为线索，根据市场营销实际工作岗位的工作任务和任职要求，参照相关的职业资格标准，编写市场营销实训系列教材，并将其作为市场营销理论的配套教材，势必会对市场营销专业学生实际操作能力的培养有一定的帮助。

在这方面，许多高职院校及骨干教师勇于探索、不断创新，取得了令人欣慰的成果。"市场营销专业教学改革成果创新教材"即是其中之一。

山西省财政税务专科学校是全国首批28所国家示范性高职高专院校之一，其市场营销专业作为教育部高职高专教育专业教学改革试点、国家高职高专示范院校建设中央财政支持重点建设专业，10多年来大胆探索与创新，取得了多项国家级、省级的教学成果。

这套"市场营销专业教学改革成果创新教材"正是在这样的专业发展背景下产生的，其特色与创新体现在：首先，这是职业教育市场营销专业骨干教师持续教学改革与探索的沉淀。编者在充分调研企业工作岗位实践需要的基础上，进行了大胆改革创新，并在实际教学中逐渐完善，在以财经教育专业出版享誉行业的东北财经大学出版社的配合下，形成了独具特色的市场营销专业实训系列教材。其次，教材的呈现形式有所创新，工作任务操作具有仿真效果，属于开先河之举。这套教材根据高等职业教育改革的要求，以职业岗位活动为导向，以仿真工作项目为载体，实现了课堂教学与工作岗位任务的零距离结合。

虽说这套教材是尝试性的创举，但是其凝结了编者多年的教学心血，是智慧的结晶，所以我期待这套"市场营销专业教学改革成果创新教材"能够得到广大同仁的认同与推广，能够在职业教育培养符合社会和时代需要的市场营销高技能人才中发挥一定的作用。

2016 年 6 月

前　言

　　品类管理是以消费者为中心，以品类为战略业务单元，以数据为依托，通过零售商与供应商的有效合作，发现并满足消费者需求，从而提高业绩的零售管理流程。

　　品类管理理论产生在20世纪90年代的美国。在中国，品类管理最早开始于1997年的快速消费品行业。近几年来，随着我国零售行业商业模式的不断发展和消费者需求的不断变化，品类管理正在被越来越多的零售企业、连锁企业推广和应用，作为解决目前经营瓶颈的重要管理办法。

　　根据品类管理的工作需要，目前应运而生的有品类管理主管、品类管理经理、品类管理总监等职业岗位。而高职市场营销专业学生作为未来品类管理的相关从业人员，需要与职业标准相对应的课程内容和实训教材，辅助提升岗位技能。

　　"品类管理"是一门实操性较强的专业课程，因此在教学中要重点强调品类管理技能的训练，实现课堂与品类管理岗位的零距离对接。

本教材根据品类管理的工作流程设计实训任务，具体包括品类管理认知、品类定义与品类角色定位、品类评估与品类目标制定、品类策略制定、品类战术制定，涵盖了品类管理的各环节。目的是通过这些实训任务进一步诠释品类管理的内涵，帮助学生更好地理解品类管理理论及应用，并通过扩展阅读，协助学生了解零售行业背景及相关企业品类管理实践过程。本教材既可以作为高职院校市场营销专业和连锁经营管理专业"品类管理"课程的配套教材，也可以作为高职院校师生及品类管理从业人员的实训参考资料。

　　本教材由山西省财政税务专科学校全盼老师独立主编，在编写过程中参阅了大量文献资料，吸收了众多学者和零售行业专家的宝贵意见，得到了单位领导和同事们的大力支持和帮助，在此向他们表示衷心的感谢！

　　由于编写时间和经验有限，本教材可能仍存在疏漏和不足，敬请广大同仁和读者批评指正。

编　者

2017 年 2 月

目 录

品类管理实训概述

一、品类管理实训的意义

品类管理理论产生于20世纪90年代的美国，当时的美国零售市场在经历了20世纪40年代到80年代的蓬勃发展后，消费市场开始发生变化，消费者对产品消费的个性化需求和选择力不断增强。这就促使零售商们想方设法追求经营效率和利润的最大化。于是，以宝洁和沃尔玛为代表的多个零售商和供应商开始全面实践品类管理。

在中国，品类管理最早开始于1997年的快速消费品行业，主要由一些日化行业和食品行业的生产企业如宝洁、可口可乐等来推动。而时至今日，随着我国零售行业商业模式的不断发展和消费者消费需求的不断变化，品类管理正在被越来越多的零售企业、连锁企业推广和应用，成为解决目前经营瓶颈的重要管理方法。

因此，无论对于市场营销专业还是对于连锁经营管理专业的学生来说，品类管理都是一项必须学习和掌握的技能，也是一门操作性极强的专业课程。以往学生对品类管理的学习主要以教材为主，理论内容偏多，实训模拟训练较少。而品类管理实训课程的开发，能够弥补学生实训环节的不足，以便更好实现提高品类管理技能的目标。

二、品类管理实训的目标

（一）知识目标

1.掌握品类管理定义与品类角色。

2.掌握品类管理评估与品类评分表。

3.掌握品类管理策略与品类战术。

4.掌握品类管理实施与回顾。

（二）能力目标

1.能够树立品类管理意识。

2.能够为门店进行品类角色的定义和品类角色的定位。

3.能够对门店品类进行评估，并制定详细的可量化的品类目标。

4.能够根据品类角色和目标为门店选择合适的品类策略，并制定高校的品类战术。

5.能够制定门店实施品类管理的基本思路和步骤，并对品类管理回顾提出建议。

三、品类管理实训内容与课时安排

表0-1 实训内容与课时安排

实训项目	实训内容	实训课时数
实训项目一	实训任务　品类管理认知	2
实训项目二	实训任务一　品类定义	4
	实训任务二　品类角色定位	4
实训项目三	实训任务一　品类评估	4
	实训任务二　品类目标制定	4
实训项目四	实训任务一　品类策略制定	4
	实训任务二　品类战术制定	8
合计		30

四、实训方法简介

本课程的实训主要采取在设置的情境中进行角色模拟扮演的方法，以掌握解决实际公关问题的方法与技能。在每一个实训项目中，根据实训任务要求，授课教师设计特定的情境，学生以小组为单位，以所学理论知识为基础，充分发挥每位学生的优势与特长，以分工合作的方式完成实训内容。根据实训内容的不同可以采取多种实训方法，例如角色扮演、主题讨论、案例分析等，激发学生的创新意识，锻炼学生的沟通应变能力。

五、实训考核评价

每个实训项目完成后先由学生自评或互评，再由教师点评，最后综合评分，填写每个项目对应的考核评价表。课程结束时将所有项目的考核评价表成绩综合。实训考核成绩分为优秀、良好、中等、及格、不及格五个等级。

实训项目一
品类管理概述

实训任务　品类管理认知

◎ 任务设计

市场销售人员在销售工作中正确运用品类管理方法。

◎ 实训目标

1.掌握品类管理的概念。
2.掌握品类管理的目的。
3.树立品类管理意识。

◎ 实训情境

小李是某所职业院校市场营销专业的毕业生，目前就职于某大型食品公司营销中心。小李在工作中发现公司旗下食品品牌与种类众多，但在走访经销商、零售商和顾客的过程中了解到，并不是所有的产品都能够受到市场的欢迎。小李想起在学校期间学习过的品类管理，希望能够运用所学的品类管理知识与技能，帮助公司整理现有品类，更好地满足消费者需求，提高经营业绩。

◉ **实训要求**

参加实训的同学能够选择某一具体品牌的食品，了解该品牌下食品种类，并对市场销售情况加以调查，根据实训步骤填写相关内容。在实训过程中，理解品类管理的概念，并总结品类管理应用中的问题。

◉ **实训操作**

第一步：了解品类管理的相关概念

一、简述品类的定义。你所调查的食品公司都经营哪些食品品类？

_____

_____

_____

> **操作实例 1-1**
> ### 茶饮料品类
> 　康师傅和统一当年在开辟茶饮料市场时面临这样的选择：中国茶文化极其丰富，有绿茶、红茶、铁观音、龙井、茉莉花、乌龙……哪个品类才是最有价值的

呢？经过一番调查，最终选择了绿茶和红茶。原因有二：一是绿茶和红茶认知最广，面向非专业人群，口感要求不高，更容易接受包装茶这种新的形态；二是铁观音、龙井的认知群体相对细分和专业，对口感要求更高，不容易用包装茶的形态与口感进行替代。结果在当今茶饮料市场上，销量最大的就是红茶和绿茶。

二、简述品类管理的定义。目前该食品公司是否实施了品类管理？

知识链接1-1

品类管理的历史

回顾品类管理的简短历史，有助于深刻理解这种管理方法何以变得如此重要。

20世纪80年代的美国市场，消费者需求开始更加多样化，诸如沃尔玛这样的大型折扣店和各种品类杀手等新兴业态都在强势扩张，传统零售企业被迫寻求新的管理工具帮助他们提升销售和利润。品类管理的思想，就是从帮助零售企业开始，尤其是那些从战略的高度寻求各种能够提升自己经营门店和商品能力的方法的优秀零售企业。积极的企业领导者们所寻求的新方法，首先要用于商品采购和商品选择上，因为这直接影响到零售企业如何利用核心资产获得顾客的青睐和忠诚，让商品存货、卖场空间以及有限的现金流，发挥出最大的效益。零售商在商品采购工作中一直沿用的传统方法是偏向战术性的，在这变化了的消费者面前和新的竞争环境中，无法帮助零售企业获取新的生存空间并谋求发展。零售企业必须从战略的高度着手，去解决商品采购与商品选择。于是，品类管理应运而生了。图1-1也许能增加我们对品类管理的直观理解。

图1-1　国外超市购物图

特别重要的是，跟所有管理方法一样，品类管理只有持续地为企业提供好的效益，其价值才会被认同，其方法才能被接收。

　　正是因为品类管理持续地为全球企业带来了可观的经济效益，才使这一方法保持数十年长盛不衰。即使在那些成熟稳定，竞争激烈，成长空间极度有限的市场中，采用品类管理的企业也能借此在销售和利润两个指标上取得超过10%以上的提升。而且，这些效益的取得还往往伴随着所有品类存货周转的巨大改善，以及陈列资源更有效合理的分配。因为品类管理具有在包括干货、非食、生鲜等零售端的所有部门中不断发现新的提升空间，并持续改善经营效益的能力，所以，全球几乎所有国家的零售企业和供应商都广泛采用这一方法，并认定其为全部零售管理工作的核心起点。

　　第二步：了解品类管理的目的和意义

　　一、简述走访该公司经销商、零售商和顾客的结果，判断目前公司现有产品能否满足消费者需求，是否有进行品类管理的必要？

_____

_____

_____

　　二、查阅资料，收集中国目前正在实施品类管理的零售企业经营状况。

品类管理在中国

品类管理在中国出现的时间是在20世纪90年代，国际零售企业进入快速成长的中国市场，催生了现代中国零售行业。与其他国家市场一样，有经验的竞争对手的积极入场，要求中国的零售企业和供应商升级自己的商业模式和提升盈利能力。绝大多数的外来竞争对手是带着他们自己的有效管理方法来的，其中就包括品类管理，他们认为这是了解中国消费者并在这个市场中获胜的基本武器。与之对应，中国企业家们的反应是快速发展超市、大卖场和便利店的连锁店，以及其他各种创新业态的店铺数量。一般的战略是通过模仿和学习，迅速地把类似于沃尔玛、家乐福、乐购和万客隆这样的国际竞争对手的方法，应用在自己的经营实践中，并做创造性的改进。零售行业企业的共同努力，改变了中国消费品市场的态势，为中国成长为世界最大的消费品市场做出了显著的贡献。在这个阶段中，零售行业的快速成长主要得益于快速开店，在数量上取胜。

近几年，形势有了很大的不同，宏观经济环境已经彻底变了，企业面临许多新的挑战。眼下最重要的是如何通过管理能力的提升，让现有门店发挥更大的效益。中国经济已经进入"新常态"，零售行业的领导者们需要面对增长的放缓，还有各种电商的威胁。25年的历史已经验证，品类管理能够帮助零售企业制定以消费者为中心的战略战术，并通过实施获取竞争优势和企业经营能力。眼下是中国零售企业实施品类管理的最好时机。其实，所有发达国家市场都经历了类似的成长过程。而经验证明，优秀的零售企业之所以能够木秀于林，是因为他们能够比竞争对手更快地学习品类管理，更早地培养出了自己的管理团队和员工，把品类管理的方法贯彻到经营实践中，发现并满足目标顾客的独特需求，并进一步获得最强有力的竞争优势，使销售和利润得到提升。品类管理一定会成为中国零售企业和消费品供应商的标准实践方法。而现在，正是迈步向前，走上品类管理之路的时候。

第三步：了解品类管理的流程

一、简述品类管理的流程。讨论该食品企业未来应如何实施品类管理，提出建议。

_____

_____

二、简述品类管理与商品管理的区别与联系。预测实施品类管理后，该食品企业在组织机构、管理方法或其他方面会发生的变化。

<hr>

知识链接1-3

品类管理在应用中的误区

如今，零售业最大的问题就是很多公司的高级管理人员忽略了最重要的工作：对他们销售的商品和服务做品类管理。

我们在很多地方看到这样的案例。

在墨西哥城，一家总销售面积为70 000平方英尺的沃尔玛门店里，存放有50个不同SKU的卫生纸。在德国汉堡一个多品种集中的超市里，仅酸奶就有30个品种，而这家超市忽略了最挑剔的消费者最喜欢的、含有10%奶油的酸奶品种。这时，这些顾客不得不到马路对面的土耳其商店去购买。当消费者走进这样的零售店，他可能会问："这是我想要找的超市吗？"

作为零售商，你一定要让顾客相信答案是"是"，但这就意味着我们要先扪心自问：为什么消费者愿意到我们的店铺购物？你必须清楚企业的使命和战略，并确保逐一在店内落实。管理者还要决定商店应该是什么样和不该是什么样，而不能犯那种"坐在两把椅子中间"的错误。为了照顾一般顾客而失去特色，结果谁都不喜欢。所以，要找到一个有说服力的理念，并坚持下去。

请记住一个基本的事实：零售即细节。然后问自己商品的分类是如何反映这一理念的。让所有员工都不断改善细节，并每天提醒他们这个问题有多么重要。

不要把品类管理任务留给电脑。如果有一个明确的罪魁祸首来解释如今人们为何缺乏品类管理能力，那就是电脑。世界上有太多的零售商认为自己的电脑通过分析 POS 数据，就可以找到所有的答案。但当需要管理 10 000 种或以上的商品时，即使人们设定特定的查询问题，并有大量的数据，电脑也不可能得到令人信服的答案。要想了解整体情况，我们必须先自己思考，还要跟同事探讨，最后才能交给电脑。

同样，不要依靠试错来进行品类管理。不断实践，并从结果中学习是极其有价值的，但不要期望在 SKU 层面的试错法能在整个品类管理奏效。而且要注意，市场研究的效果也是有限的。但零售业的魅力在于，管理者也是消费者，让他们充分利用从不同品类发出的不同信号中得到的直觉。

最后，不要把品类管理留给供应商去做。他们可能很聪明，也很善于数据分析。但说到底，供应商的策略并不是你的策略。

在零售业取得成功则意味着在很多维度表现良好，包括服务、定价、营销和选址，但品类是第一要务。有太多的零售商都"坐在椅子之间"，他们的客户都带着"为什么要在这家商店购物"的问题而离开。当一个企业自己的管理者都无法回答这个问题时，这个企业就陷入了大麻烦。

◎ 知识积累

一、品类管理的相关概念

1.品类

品类是易于区分、能够管理的一组产品和服务，消费者在满足自身需求时认为该组产品和服务是相关的，或可以相互替代的。例如，所有满足消费者身体清洁和护理的一系列单品就组成了身体清洁品类，包括润体乳、沐浴露、浴盐等。

2.品类管理

品类管理是以消费者为中心，以品类为战略业务单元，以数据为依托，通过零售商与供应商的有效合作，发现并满足消费者需求从而提高业绩的零售管理流程。简单地说，品类管理就是一种科学的、精细化的、系统化的零售管理方法。

二、品类管理的流程

品类管理的流程包括8个步骤，即品类定义、品类角色、品类评估、品类评分表、品类策略、品类战术、品类计划实施和品类管理回顾，如图1-2所示。

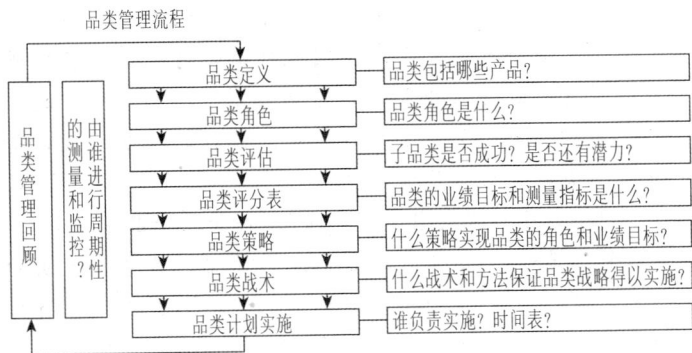

图1-2 品类管理流程

案例讨论 1-1

传统产品管理方法之困

企业A：全面产品延伸的陷阱。

A企业是一家大型的民用塑料产品生产企业，在2008年初依靠当时处于高速成长期的整理箱这一个系列产品而迅速打开市场。第二年，A企业迅速进行了产品线拓宽，成功地开发了塑料杯、脸盆、垃圾篓等6个新系列产品，同年销售额增长了200%！在这一喜人形势下，A企业老板宣布，要做市场上的老大，针对每一个系列产品，开发出高、中、低档产品，全面占领市场。两年后，A企业为了满足不同卖场、经销商客户的需要，在仓库里囤积了600多个品项，高达160万的库存；同时，该企业由于产品线过长，价格定位失当，导致产品货单价降低了7元多，企业利润几乎为零、资金周转陷入危机。其实，这是一个典型的惯性思维拓展产品的例子。在初期，恰当的产品线拓宽是符合市场需要的，因此极有成效；但盲目地进行全品类高中低档的开发，完全忽略了市场和消费者的需求，一味地求全求大，这时候，产品品种的增多的效益是负的，带给企业的就是灾难了。

企业B：企业总习惯以自己的方式管理产品。

B企业是一家炊具制造企业，其管理产品分类方法的演进很有代表意义。2003—2005年，公司习惯以材质来进行分类，将炊具分为不锈钢产品、铝制品、铁锅等。到了2008年，由于企业规模不断扩大，生产压力增大，生产部门提出这样的分类不利于生产管理，要求根据生产工艺的不同来分类，这样，又有了不粘锅、氧化锅、铸造锅等不同的产品分类。2011年，营销部门提出了以市场需求和功能来进行分类，形成了压力锅、炒锅、煎锅、汤锅、奶锅、蒸锅、水壶等以功能为主要分类原则的产品管理方法。企业发现，以功能为主要分类方法，便于研究市场和消费者，给销售工作带来很大的好处。

　　　　　　　　　　　　品类管理实训

【问题讨论】

1.对比分析传统产品管理方法和现代品类管理方法有什么不同。

2.你会如何运用品类管理意识对两个企业提出建议？

◎ 实训评价

通过学生自评、学生互评、教师点评等三种形式对学生在实训过程中所体现出来的人员素质、实训态度、工作能力、实训结果等各个方面进行综合考核，并填写品类管理认知考核评价表（见表1-1）。

表1-1　　　　**品类管理认知考核评价表**

班级：　　　　　考核对象：　　　　　考核时间：

考评标准	考评分值（分）	得分（分）
正确理解"品类"与"品类管理"概念	20	
正确理解品类管理的流程	20	
正确理解品类管理与商品管理的区别	20	
资料收集与整理内容全面、具体	20	
团队合作协调	20	
总　计		
评语		

实训项目二
品类定义与品类角色定位

实训任务一　品类定义

任务设计

市场销售人员在销售工作中对品类进行定义，并正确为门店配置商品。

实训目标

1.掌握品类定义和商品结构的概念。
2.掌握品类定义的影响因素。
3.掌握商品组织结构表的设计方法。
4.掌握门店单品配置的方法。

实训情境

小张是某乳制品企业销售人员，该乳制品企业的产品线较为丰富，从牛奶到酸奶，从冰激凌到面包，品种数量多达几十种。近期，该乳制品企业计划在小张就读的大学附近开设一家100平方米的奶制品便利店。作为公司任命的门店商品规划人员，小张要结合本校特点，并走访校园附近便利店，为该门店定义品类，制定商品组织结构表，进行单品配置。

○ **实训要求**

参加实训的同学选择某一具体的奶制品企业，了解该企业产品，走访调查所在学校市场环境和校园周边便利店，根据实训步骤，填写相关内容。在实训过程中，理解品类定义的概念，掌握商品组织结构表的设计和门店单品配置的方法。

○ **实训操作**

第一步：了解品类定义

一、简述品类定义的概念。

_____

_____

_____

二、简述品类定义的特点。

_____

_____

_____

家用清洁类产品的品类定义

家用清洁类产品是指用于去除家居环境中各种表面的污垢渍迹的化工产品。家用清洁类产品主要包括：厨房油污清洁类、洁厕类、洗玻璃水、瓷砖清洁类、多功能清洁类、消毒水类、特殊功能类等。

第二步：为奶制品品类和休闲零食品类作出品类定义

一、作出奶制品品类的品类描述。

_____

_____

二、填写奶制品的品类结构。

请在图2-1中填写奶制品的品类结构。

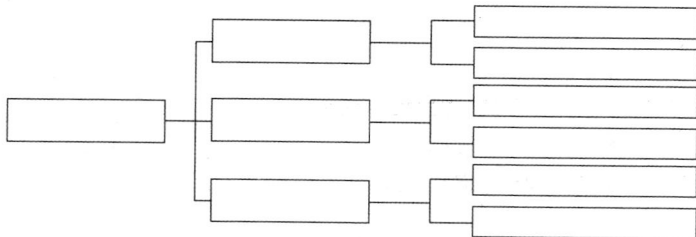

图2-1 奶制品品类结构

三、作出休闲零食品类的品类描述。

_____

四、填写休闲零食品类的品类结构。

请在图2-2中填写休闲零食品类的品类结构。

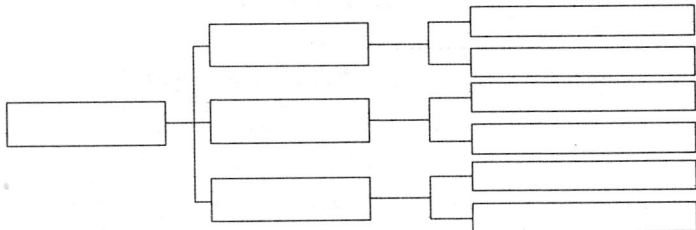

图2-2 休闲零食品类的品类结构

第三步：制定奶制品的商品组织结构表

一、简述商品结构的定义。

操作实例2-2
屈臣氏的商品结构

　　屈臣氏集团（香港）有限公司创建于1828年，是长江和记有限公司旗下的国际零售及食品制造机构，业务遍布24个国家/地区，共经营超过12 000间零售商店，聘用117 000名员工。销售的商品包括保健产品、美容产品、香水、化妆品、日用、食品、饮品、电子产品、洋酒及机场零售业务。屈臣氏是中国目前最大的保健及美容产品零售连锁店。

屈臣氏企业的定位：保健及美容产品零售连锁店。

屈臣氏的商品组织结构图，如图2-3所示：

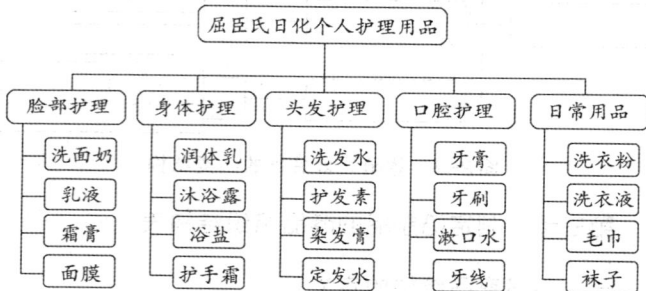

图2-3 屈臣氏的商品组织结构图

二、走访三家校园周边便利店，画出其奶制品商品结构。

（1）1号便利店商品结构（见表2-1）。

表2-1 1号便利店商品结构

大分类	中分类	小分类

（2）2号便利店商品结构（见表2-2）。

表2-2　　　　　　　　2号便利店商品结构

大分类	中分类	小分类

（3）3号便利店商品结构（见表2-3）。

表2-3　　　　　　　　3号便利店商品结构

大分类	中分类	小分类

三、分析校园周边便利店商品结构的异同点。

_____

_____

_____

_____

_____

_____

四、确定本校校园奶制品便利店商品结构层级。

请根据实地调查结果，填写表2-4。

表 2-4　　　　校园奶制品便利店商品结构

大分类	中分类	小分类	单品

五、填写校园奶制品便利店商品组织结构表。

　　请根据实地调查，制定校园奶制品便利店商品组织结构表（见表2-5）。

表 2-5　　　校园奶制品便利店商品组织结构表

分类编号	组织分类名称	预估单品数	实际单品数	单品数差异	供应商数

实训项目二　品类定义与品类角色定位　　　　　　　　　　25

第四步：奶制品门店单品配置

一、简述单品数量需要管理的原因。

_____
_____
_____
_____
_____

二、分析校园奶制品便利店"酸奶品类"单品数量的影响因素。

（1）业态定位对单品数量的影响

_____
_____
_____

（2）门店面积对单品数量的影响

_____
_____
_____

（3）品类角色对单品数量的影响

_____
_____
_____

（4）校园周边竞争情况对单品数量的影响

_____

_____

_____

三、简述校园奶制品便利店酸奶单品配置的基本思路。

_____

_____

_____

四、确定校园奶制品便利店酸奶的需求点。

请根据实地调查，填写校园奶制品便利店酸奶需求点
（见表2-6）。

表2-6　　**校园奶制品便利店酸奶需求点列表**

（1）列出全部的酸奶购物需求点	
（2）确定选用的需求点	
（3）确定需求点的酸奶覆盖单品	
（4）确定录取的酸奶单品	

五、确定校园奶制品便利店酸奶的价格区间。

（1）分析校园周边竞争对手的价格区间。

请根据实地调查，填写校园周边竞争对手酸奶价格区间表（见表2-7）。

表2-7　　校园周边竞争对手酸奶价格区间表

	最低价格	最高价格	典型价格段划分
竞争对手1			
竞争对手2			
竞争对手3			

（2）确定校园奶制品便利店酸奶的价格区间。

请根据讨论分析结果，填写校园奶制品便利店酸奶价格区间（见表2-8）。

表2-8　　校园奶制品便利店酸奶价格区间

品牌					
最低价格					
最高价格					
价格区间					
单品数量					

六、确定校园奶制品便利店酸奶的包装规格。

（1）简述目标顾客对酸奶包装规格的需求。

_____

_____

（2）分析校园周边竞争对手的包装规格区间。

请根据实地调查，填写校园周边竞争对手酸奶包装规格区间（见表2-9）。

表2-9　　校园周边竞争对手酸奶包装规格区间表

	最小规格	最大规格	典型规格区间划分
竞争对手1			
竞争对手2			
竞争对手3			

（3）确定校园奶制品便利店酸奶的包装规格。

请根据讨论分析结果，填写校园奶制品便利店酸奶包装规格（见表2-10）。

表2-10　　校园奶制品便利店酸奶包装规格

品牌						
最小规格						
最大规格						
规格区间段						
单品数量						

七、确定校园奶制品便利店酸奶的品牌。

请根据讨论分析结果，填写校园奶制品便利店酸奶品牌（见表2-11）。

表2-11　　　　　　　校园奶制品便利店酸奶品牌列表

录取酸奶品牌	录取理由

八、列出校园奶制品便利店酸奶的单品清单。

请根据讨论分析结果，填写校园奶制品便利店酸奶单品清单（见表2-12）。

表2-12　　　校园奶制品便利店酸奶单品清单

单品名称	品牌	规格	价格

◎ 知识积累

一、品类定义相关概念

1.品类定义

品类定义包括品类描述和品类结构两方面的内容。品类描述是用文字高度概括品类的商品属性和消费特性。品类结构是将该品类的产品进行分类管理，以确保选择的产品能满足目标消费者的需求。

2.商品结构

商品结构指特定商品的经营范围、商品的分类组织、商品的具体组合。分析商品结构就是将商品依照一定的逻辑关系组织起来。商品结构构成了零售商的基本经营管理框架。

3.商品组织结构表

商品组织结构表是按照商品的不同属性，进行分类汇总并给予对应编号而形成的一个结构表。商品组织结构表的特点是依商品属性和购物者购买决策逻辑为商品划定不同分类从大分类到中、小分类，最终为单个商品定位。

二、单品数量需要管理的原因

1.供应商价值取向会导致单品数量过剩。

2.单品数量过剩对消费者造成不良影响。

3.零售商必须控制单品数量，以保证单品数量的稳定。

三、小分类单品配置的基本思路

将每一个小分类的所有单品划分为若干个消费者购物需求点，使每个需求点代表消费者的一种购物需求；依据门店营业面积及周边消费者消费特点，确定每一个小分类的需求点覆盖率，按需求点销售额高低进行取舍；确定每一个需求点内的单品覆盖率，并按单品销售额高低进行取舍。

案例讨论 2-1

案例1：长城汽车 SUV 品类定义的成功

长城汽车曾经与吉利、奇瑞、比亚迪、江淮等品牌一样，被国人划归为"国产轿车"的品类，主要市场在三、四级市场以及一、二线城市的工薪阶层。长城哈弗被定义为专业的 SUV 轿车为长城发展带来新的品类发展机会，人们对哈弗的认知发生了根本性的变化：哈弗的 SUV 会和很多外资品牌一样，会被 SUV 的购买者纳入第一轮的考察，然后才会从性价比的角度来衡量是否要购买作为"国产车"的哈弗，这将彻底改变哈弗的品牌身份以及品牌建设的逻辑，使哈弗有机会成为国内极少数凭借自身力量在汽车市场上与外资品牌直接对抗的国产品牌。

【问题讨论】

1.为长城汽车作出 SUV 品类定义（包括品类描述和品类结构）。

2.查阅资料，列出长城汽车 SUV 品类的商品组织结构表。

3.实地走访本地一家长城汽车 4S 店，记录该店汽车单品列表。

案例2：北京华联超市"华联宝宝屋"

品类定义随消费者需求而改变。以北京华联超市"华联宝宝屋"为例，通常婴儿的产品分散于不同的品类，如婴儿奶粉和成人奶粉放在一起，属奶制品品类；婴儿纸尿片和纸巾等放在一起，属纸制品品类。但调查发现，孕妇或者抱着孩子的妈妈需要辛苦地走上1至2个小时才能购齐所需妇婴物品，她们最大的希望是花较短的时间一次性购齐所有物品。于是，在华联超市新的品类"妇婴用品"应运而生，将婴儿奶粉、纸尿裤等全部归于妇婴用品区——"华联宝宝屋"，并进行消费者引导。1至2个月后，购物者便习惯性地步入"华联宝宝屋"购买妇婴用品了。在新品类的驱动下，购买婴儿护理用品的购物者的消费指数是以往的2倍，"华联宝宝屋"有效地促进了目标顾客的消费行为。

【问题讨论】

1.简述北京华联超市"华联宝宝屋"产生的原因。

2.实地走访本地一家超市，调查该超市是否存在母婴品类，市场需求如何。

◎ 实训评价

通过学生自评、学生互评、教师点评等三种形式对学生在实训过程中所体现出来的人员素质、实训态度、工作能力、实训结果等方面进行综合考核，并填写品类定义考核评价表（见表2-13）。

表2-13　　　　　　　　**品类定义考核评价表**

班级：　　　　　　考核对象：　　　　　　考核时间：

考评标准	考评分值（分）	得分（分）
正确理解"品类定义"概念	20	
正确定义"奶制品"品类，表述准确	20	
准确填写奶制品品类商品组织结构表，内容全面	20	
准确配置酸奶单品的价格带、包装规格、品牌，单品数量配置合理	20	
资料收集与整理内容全面、具体	10	
团队合作协调	10	
总计		
评语		

实训任务二　品类角色定位

◎ 任务设计

市场销售人员在销售工作中，对门店中的商品进行正确的品类角色定位。

◉ 实训目标

1. 掌握品类角色的概念。
2. 掌握品类角色定位的方法。

◉ 实训情境

小张是某校园奶制品便利店的店长，便利店以经营奶制品为主，但为了更好地满足校园内消费群体的需求，便利店近期丰富了所经营的商品品类，包括生鲜食品、生活日用品、学习用品、杂志书籍和常用药品等。小张作为店长，要结合校园商品消费特点，为该便利店内的商品进行品类角色分析，并给出品类角色定位的简单建议。

◉ 实训要求

参加实训的同学能够以本校内某一校园便利店为背景，了解店内各品类销售额、毛利率、购买频率、普及程度等指标，根据实训步骤，填写相关内容。在实训过程中，理解品类定义的概念，掌握品类角色的概念和品类角色定位的方法。

◉ 实训操作

第一步：了解品类角色

一、简述品类角色的概念。

_____

_____

_____

二、简述品类角色定位的三种方法。

（1）_____

（2）_____

（3）_____

企业为什么要进行品类角色定位

　　品类角色定位，是以消费者为中心，以数据分析为基础，研究如何在消费者心目中塑造自己商品的独特个性，使它与具有同种效用的竞争商品有所区别，以及研究如何对品类进行分工，给予其不同的角色，并附以相应的衡量指标。随着零售业不断发展，各种商品琳琅满目，零售商必须考虑品类角色定位对超市的重要性，对目标购物群体的重要性以及对品类发展的重要性。所以，企业必须给自己的商品在目标顾客的心目中确定一个适当的位置，即商品品类角色的定位。准确的品类角色定位可以使公司在经营决策上避免盲目竞争，避免公司因定位不准确而带来的经济损失。进行品类角色的定位，是为有效实施品类管理工作奠定基础，使公司在人力、财力、物力等资源分配上更加科学、合理，最终为公司解决商品组合问题，明确公司在市场中所处的位置。另外，公司可以通过定位策略来确定自身应如何从竞争的角度来销售自己的商品或服务。

在品类角色的定位过程中，公司应全面考虑：定位是否符合当下消费群体以及消费者习惯？是否符合公司经营的商品品类？怎样的定位能使消费者产生强烈的购买动机？与角色定位相对应的门店规模如何设置？定位是否充分利用了商品的主要特性？在遭遇挫折时定位是否有改变的余地？

品类角色是品类管理的灵魂，它直接影响零售商在该品类资源上的投入，包括占地面积、商品数量、陈列位置、价格策略、促销策略等。在制定策略的时候，如果考虑一下该品类的角色定位，将会提高决策的成功率。

第二步：根据零售商导向的品类角色定位方法，对校园便利店店内商品进行品类角色分析

一、简述零售商导向的品类角色定位。

根据零售商的平均毛利率和销售额，将品类角色划分为六种，分别是：

（1）_____，特点是_____

（2）_____，特点是_____

（3）_____，特点是

（4）＿＿＿＿＿＿，特点是＿＿＿＿＿＿＿＿＿＿＿＿＿＿

（5）＿＿＿＿＿＿，特点是＿＿＿＿＿＿＿＿＿＿＿＿＿＿

（6）＿＿＿＿＿＿，特点是＿＿＿＿＿＿＿＿＿＿＿＿＿＿

二、对校园便利店品类进行角色定位，填入表格。

请根据讨论分析结果，对校园便利店品类角色进行定位（见表2-14）。

表2-14　　　　　　**校园便利店品类角色**

品类名称	经营状况	品类角色定位
常用药品（如感冒药、创可贴）	在便利店中的销售额和利润非常低，大多数消费者更喜欢去药房购买	
休闲零食（如瓜子、薯片）	具有较高的销售额，毛利率高	
即食食品（如汉堡、烤肠）	主要由学生购买，这部分消费者喜欢在校园便利店而不是食堂和其他商店购买食物。购买量逐年上升，并具有较高利润	
季节性礼品（如毛绒玩具、礼盒装巧克力、工艺品）	在节假日具有较高的销售额，因而具有良好的利润，可使供应商收回促销费用。主要通过促销展台吸引顾客	

品类名称	经营状况	品类角色定位
香皂	在便利店中经常将该品类进行低价促销，具有较高的销售额	
碳酸饮料	鼓励消费者进行大宗购买以提高销售量，零售商习惯于较低的利润	
文具用品（如笔、笔记本）	主要由学生购买，销售量高，毛利率较低	
茶叶、咖啡	针对教职工销售的品类，销量一般，但具有较高的利润	
洗衣粉	经常促销，利润始终较低	
饰品（如首饰、发卡）	只有女生购买，销量一般，但利润高	

第三步：根据跨品类分析的品类角色定位方法，对校园便利店店内商品进行品类角色分析

一、分析品类对购物者的重要性。

请根据讨论分析结果，填写购物者对品类的购买频率（见表2-15）。

二、分析品类对零售商的重要性。

请根据讨论分析结果，填写品类对零售商的重要性（见表2-16）。

表2-15 **购物者品类购买频率排名表**

品类名称	购物频率排名
常用药品（如感冒药、创可贴）	
休闲零食（如瓜子、薯片）	
即食食品（如汉堡、烤肠）	
季节性礼品（如毛绒玩具、礼盒装巧克力、工艺品）	
香皂	
碳酸饮料	
文具用品（如笔、笔记本）	
茶叶、咖啡	
洗衣粉	
饰品（如首饰、发卡）	

表2-16 **品类对零售商重要性排名表**

品类名称	利润排名	销售额排名	对零售商的贡献排名
常用药品（如感冒药、创可贴）			
休闲零食（如瓜子、薯片）			
即食食品（如汉堡、烤肠）			
季节性礼品（如毛绒玩具、礼盒装巧克力、工艺品）			

品类名称	利润排名	销售额排名	对零售商的贡献排名
香皂			
碳酸饮料			
文具用品（如笔、笔记本）			
茶叶、咖啡			
洗衣粉			
饰品（如首饰、发卡）			

三、分析品类对市场的重要性。

请根据讨论分析结果，填写品类对市场的重要性（见表2-17）。

表2-17　**品类对市场重要性排名表**

品类名称	品类增长率排名
常用药品（如感冒药、创可贴）	
休闲零食（如瓜子、薯片）	
即食食品（如汉堡、烤肠）	
季节性礼品（如毛绒玩具、礼盒装巧克力、工艺品）	
香皂	
碳酸饮料	
文具用品（如笔、笔记本）	
茶叶、咖啡	
洗衣粉	
饰品（如首饰、发卡）	

四、确定品类角色。

请根据讨论分析结果，填写品类指数排名及品类角色（见表2-18）。

表2-18　　　　　　**品类指数排名及品类角色**

品类名称	品类指数*排名	品类角色
常用药品（如感冒药、创可贴）		
休闲零食（如瓜子、薯片）		
即食食品（如汉堡、烤肠）		
季节性礼品（如毛绒玩具、礼盒装巧克力、工艺品）		
香皂		
碳酸饮料		
文具用品（如笔、笔记本）		
茶叶、咖啡		
洗衣粉		
饰品（如首饰、发卡）		

*品类指数=品类对购物者重要性×40%+品类对零售商重要性×40%+品类对市场重要性×20%

操作实例2-3
M药店复合维生素品类的品类角色定位

目标性品类：优势品类，占该品类总份额的5%~10%，代表药店形象，目标顾客有时会不顾价格前来购买。M药店复合维生素的目标性品类是成人维生素，目标性品牌如：施尔康、善存、双鹤、金维他。

常规性品类：该品类的普通提供者，占该品类总份额的50%~70%，可以平衡销量与毛利等商业指标。M药店复合维生素的常规性品类是儿童和老人类维生素，常规性品牌有：小施尔康、成长快乐、小善存、养生堂系列、黄金搭档系列。

季节性和偶然性品类：在某个时期处于领导地位，在某个时期是该品类的主要提供者，占该品类总份额的10%~15%，在完成销售额、利润、资金周转和投资回报等指标方面处于次要地位。在感冒季节，复合维生素搭配VC销售，对于工作压力大的白领人群则主推复合维生素搭配VB。季节性和偶然性品牌有：施尔康+施尔康VC、力度伸、施尔康+维康福等。

便利性品类：满足顾客一站式购物需求和满足补充性购物需求，同时提高利润和毛利，占该品类总份额的10%~15%。M药店复合维生素里便利性品类是女性、孕妇和婴儿专用的复合维生素。便利品牌有：玛特纳、安尔康、小施尔康滴剂、伊可新、贝特令等。

◎ **知识积累**

一、品类角色的含义

品类角色是研究如何对品类进行分工，给予其不同的角色与衡量指标，从而推动商店达到既定的销售目标。

二、品类角色定位方法

品类角色的定位目前主要有三种形式：一是以零售商为导向的品类角色定位，二是以顾客为导向的品类角色定位，三是跨品类分析的品类角色定位。

1.以零售商为导向的品类角色定位

以零售商为导向的品类角色定位如图2-4所示。

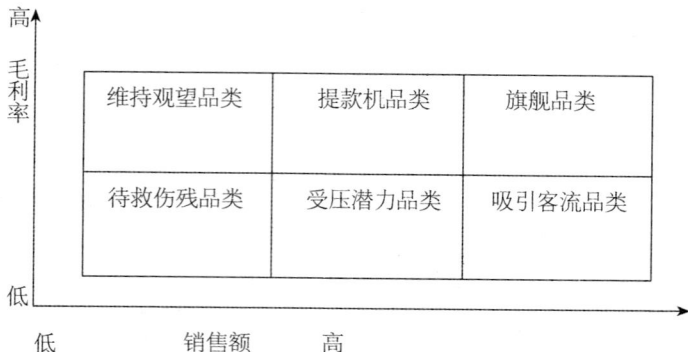

维持观望品类	提款机品类	旗舰品类
待救伤残品类	受压潜力品类	吸引客流品类

纵轴：毛利率（低→高） 横轴：销售额（低→高）

图2-4 以零售商为导向的品类角色定位

以零售商为导向的品类角色定位，主要是从品类对零售商销售额和利润的贡献角度来确认它们的角色。此品类角色定位方法的特点是：从零售商过去的销售数据去考虑，比较快捷方便，有一定的指导意义，但是忽略了消费者的需求以及市场发展的需求，有一定的被动性。

2.以顾客为导向的品类角色定位

以顾客为导向的品类角色定位如图2-5所示。

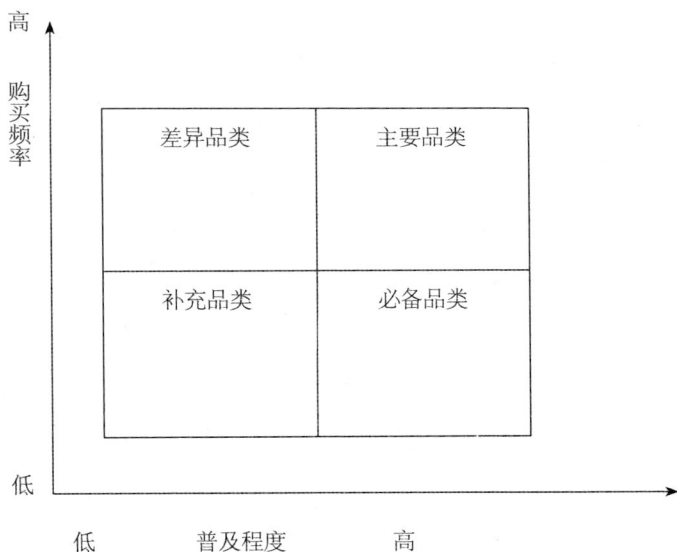

图2-5 以顾客为导向的品类角色定位

以顾客为导向的品类角色定位，主要是从消费者购买商品的普及程度和购买频率角度进行品类角色分配。此品类角色定位方法的特点是：从顾客角度分析品类的角色和功能，顾客购买取向的变化必然带来零售门店品类角色的重新定位。

3.跨品类分析的品类角色定位

跨品类分析的品类角色定位，主要是根据零售商的品类表现状况，将品类对购物者的重要性、品类对零售商的重要性、品类对市场的重要性用相应的指标进行衡量，然后以40%、40%和20%的权重进行综合评分，并借此进行品类角色定位。按照此方法品类角色被划分为：目标性品类、常规性品类、便利性品类、季节性/偶然性品类。此品类角色的定位方法优点是：对品类定位比较全面，既考虑到了顾客的需求，又考虑到了零售商的需求，也不忽略市场发展的需要，是一种比较科学合理的定位方法。

案例讨论 2-2

保健品礼盒的成与败

在某市的一条街上有两家药店A与B，A是一家以经营家庭常用药为主的社区小药店，而B是一家药品大卖场，各类品种都很丰富，保健品礼盒是其目标性品类之一。

中秋节前期，B卖场对保健品礼盒（如太太口服液、脑白金等）进行节日促销，促销期间对保健品礼盒大幅度降价。A药店得知消息后，也快速跟进，立刻调整自己店内保健品礼盒的价格。可结果却是B卖场保健品礼盒销量大增，而A药店不仅保健品礼盒销量没有增长，甚至还影响到了其他药品的销售，损失了不少利润。

【问题讨论】

1.从品类角色角度，分析保健品礼盒在 A、B 两家药店的销售状况大相径庭的原因。

2.分析此案例能够带给零售商的启示。

◉ 实训评价

通过学生自评、学生互评、教师点评等三种形式对学生在实训过程中所体现出来的人员素质、实训态度、工作能力、实训结果等方面进行综合考核，并填写品类角色定位考核评价表（见表2-19）。

表2-19　　　　品类角色定位考核评价表

班级：　　　　　　考核对象：　　　　　　考核时间：

考评标准	考评分值（分）	得分（分）
正确理解"品类角色"概念	20	
准确描述品类角色定位的三种方法及特点，表述准确	20	
合理定位校园便利店店内品类角色	20	
资料收集与整理内容全面、具体	20	
团队合作协调	20	
总计		
评语		

实训项目三
品类评估与品类目标制定

实训任务一 品类评估

◉ 任务设计

市场销售人员在销售工作中，对门店中的品类选取正确的指标进行品类评估。

◉ 实训目标

1. 掌握品类评估的概念。
2. 掌握品类评估的内容。

◉ 实训情境

小张担任店长的某校园便利店，虽然客流量很大，也能完成预期月销售额，但店内部分品类销量好，也有部分品类长期滞销。为了能够全面深入地了解目前店内商品经营状况，小张准备对店内品类进行评估。

⬤ 实训要求

参加实训的同学调查本校内某一校园便利店，了解店内各品类销售额、毛利率、购买频率、普及程度等指标，根据实训步骤，填写相关内容。在实训过程中，理解品类评估的内容和步骤。

⬤ 实训操作

第一步：了解品类评估

一、简述品类评估的含义。

_____

_____

_____

_____

二、简述品类评估的内容。

（1）_____

（2）_____

（3）_____

（4）_____

第二步：校园便利店各品类发展趋势评估

请根据实际调查结果，填写校园便利店各品类发展趋势（见表3-1）。

表 3-1　　　　　　　　品类发展趋势评估表

品类名称	品类增长潜力	品类增长的主要推动力	消费者的消费趋势	购物者的购物行为
药品品类				
休闲零食品类				
即食品品类				
饮品品类				
礼品品类				
日化品类				
文具品类				
日杂品类				
饰品品类				

操作实例 3-1

中国洗涤产品品类发展趋势评估

从洗衣粉到洗衣液，从固体香皂到液体香皂，中国的洗涤产品品类正在发生着改变，洗涤用品液体化、浓缩化趋势明显。

与发达国家相比，我国生产的洗涤用品普遍存在活性物含量低、非有效成分含量高以及浓缩化、液体化产品比例低等问题。不过，随着全球低碳时代的到来，国内洗涤剂工业与全球洗涤剂市场也在接轨。未来，中国洗涤用品行业发展将以液体化、浓缩化为主流趋势。

前瞻产业研究院发布的《中国洗涤用品行业产销需求与投资预测分析报告》显示，美国液体洗衣剂的比例已经超过洗衣剂总量的80%。其他发达国家液洗在洗涤剂中的比例较低，其中日本衣用液体洗涤剂占洗衣产品市场的份额为40%，欧盟液体洗涤剂比例也已达到30%以上。而我国这一比例只有13%，明显低于发达国家。因此，尽管近年来有关企业在液体洗涤剂市场进行扩张的步伐较快，我国液体洗涤剂仍具有巨大的发展潜力（如图3-1所示）。

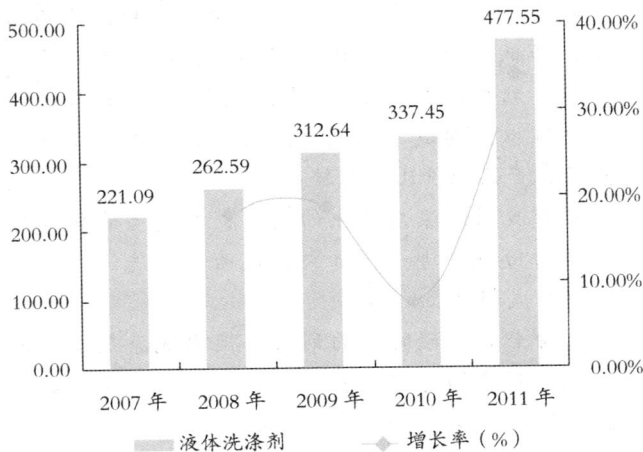

图3-1 我国液体洗衣剂市场增长率

在我国，目前洗涤用品液体化进程最明显的特征是洗衣液已得到广大消费者的广泛认知，其市场地位已经逐步确立，对洗衣粉的传统地位构成一定程度的威胁。2009年开始，洗衣液市场迅猛发展，蓝月亮、汰渍、碧浪、立白等品牌正巩固和扩大自己的市场地位，未来洗衣液必将越来越普及。

另一方面，目前我国生产的洗衣粉绝大部分仍是普通粉，其中含有较多的非有效化学成分，既浪费了资源又增加了消耗，还会在一定程度上影响产品性能。为落实国家倡导的低碳经济、低能耗的发展思路，大力推进浓缩型洗涤剂必将是一种趋势。

浓缩化产品的主要优点是减少填料和包装物的使用，降低运输成本，洗涤用品行业提倡生产浓缩型产品（无论是洗衣液还是洗衣粉），既可以节省能耗，也可以节约成本。此外，其使用效果也是显而易见的，产品性价比相对较高。

随着我国洗涤剂工业的发展，浓缩型液体洗涤剂的市场份额会进一步加大，成为我国洗涤剂工业的重要组成部分。

随着全球低碳时代的到来，国内洗涤剂工业与全球洗涤剂市场也在接轨。未来，中国洗涤用品行业发展将以液体化、浓缩化为主趋势。

第三步：校园便利店各品类销售表现评估

请根据实际调查结果，填写校园便利店各品类销售表现（见表3-2）。

表3-2　　校园便利店各品类销售表现评估表

品类名称	零售商总体表现	零售商可比门店的表现	零售商门店的表现
药品品类			
休闲零食品类			
即食品品类			
饮品品类			
礼品品类			
日化品类			
文具品类			
日杂品类			
饰品品类			

操作实例3-2
91手机助手的市场表现评估

　　91手机助手是一款手机管理软件，以安全、简洁、易用作为核心卖点，随着市场同类软件的开发与推出，91手机助手的市场竞争逐渐激烈。为了更好地了解91手机助手在市场中的竞争地位，开发公司对品牌认知度、品牌使用率、最长使用率、满意度和推荐度等市场指标进行全方位的评估。

品牌认知度评估：在未提示情况下，普通用户对91手机助手的市场认知度为35%；在提示情况下，用户对91手机助手的市场认知度为54%。

品牌使用经历：调查数据显示，91手机助手用户渗透率为74%。

品牌满意度：iPhone用户对91手机助手满意度评价较高，为83%，安卓用户的满意度为75%。而同类软件（同步助手、itools等）满意度还都比较低。

市场占有率：91手机助手的市场占有率为40%，同步助手为14%，itools为6%。

用户转化情况：从用户转移方向分析，暂时都偏向91手机助手（如图3-2所示）。

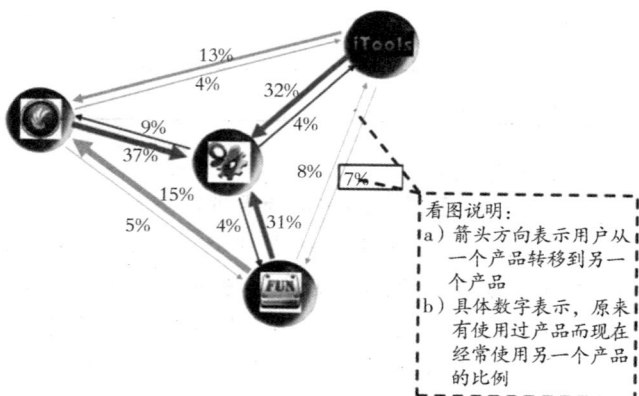

看图说明：
a）箭头方向表示用户从一个产品转移到另一个产品
b）具体数字表示，原来有使用过产品而现在经常使用另一个产品的比例

图3-2　手机助手产品用户转化状况

品类管理实训

市场表现小结：在 iPhone 平台，91 手机助手暂时位居市场第一位置，相对优势明显；91 手机助手在认知度、渗透率和市场占有率上暂时领先；从用户满意度评价来看，91 手机助手用户满意度高于竞争品；从用户转移情况看，目前用户可选择的产品少，偏向 91 手机助手。

第四步：校园便利店各品类市场/竞争对手表现评估

请根据实际调查结果，填写校园便利店各品类市场/竞争对手表现评估表（见表 3-3）。

表 3-3　　校园便利店各品类市场/竞争对手表现评估表

品类名称	品类增长率	次品类、价格带、包装规格的走势	品类发展对自己的借鉴之处
药品品类			
休闲零食品类			
即食品品类			
饮品品类			
礼品品类			
日化品类			
文具品类			
日杂品类			
饰品品类			

操作实例 3-3

核桃露竞争对手评估

一、河北养元智汇饮品股份有限公司

河北养元智汇饮品股份有限公司是一家隶属于衡水老白干集团的中小型企业，也是国内较早从事饮料研发与生产的企业之一，作为中国核桃蛋白饮料生产标准起草单位，养元形成了以核桃露（乳）饮品为主导、以其他类别饮料为补充的系列产品结构。

河北养元公司有三大类产品，分别是核桃蛋白饮料、复合型核桃蛋白饮料和养元八宝粥。

核桃蛋白饮料有六款产品，分别是智尊智圣、精品型六个核桃、加强型六个核桃、香浓型六个核桃、木糖醇型六个核桃、六个核桃礼盒。复合型核桃蛋白饮料有两款产品：核桃花生露、核桃杏仁露。养元八宝粥有三款产品：爱粥客核桃八宝粥、养元八宝粥、养元核桃八宝粥。其中，核桃蛋白饮料系列为公司主要产品系列。在该产品系列中，又以精品型六个核桃为主打产品，其次是加强型六个核桃。

"六个核桃"核桃露在功能上的定位是"健脑饮品"，在层次上定位为市场中端。在价格策略上，为了树立高于露露杏仁露的品牌形象，六个核桃采取零售价比露露杏仁露高1块钱的政策，此举不仅没有减少六个核桃的销售量，反而使其在市场上持续火热，市场销售情况一路凯歌，2011年销售业绩达15亿元。

二、承德露露股份有限公司

河北承德露露股份有限公司坐落于承德市，是国内饮料行业首批上市公司之一。其主导产品露露牌杏仁露是获国家专利产品，深受广大消费者喜爱，在国内杏仁露市场占有90%以上的市场份额，公司发展稳健，成长性良好。

公司的主营产品是杏仁露，有两款产品，分别是"原味、低糖杏仁露"和"无糖杏仁露"。

2008年公司推出新品露露美颜坊，但是市场反应平平，2009年销售了不到1 000吨，2009年年底便已停产。2009年中秋节前后，露露开始在北方市场推出另一款新产品：露露核桃露。

露露核桃露在产品的功能上的定位是"保健"，与其他主流核桃露公司的定位属大同小异。消费者人群定位为市场低端，露露核桃露的售价为3元/罐。

公司经营状况良好，在植物蛋白饮料，尤其是杏仁露蛋白饮料市场领域里具有无可撼动的地位。2010年实现营业收入18.16亿元，同比增长36.7%，净利润1.78亿元，同比增长28.7%。

第五步：校园便利店各品类供应商表现评估

请根据实际调查结果，填写校园便利店各品类供应商表现评估表（见表3-4）。

表3—4　　　校园便利店各品类供应商表现评估表

品类名称	供应商的重要性	供应商的配送能力	供应商的执行能力
药品品类			
休闲零食品类			
即食品品类			
饮品品类			
礼品品类			
日化品类			
文具品类			
日杂品类			
饰品品类			

操作实例3-4
Y超市供应商评估实例

　　Y超市是一家大型综合超市，成立于2002年，隶属中国南方一家较大的零售公司连锁集团。Y超市一直坚持"以顾客为中心"的经营理念，不断创新，近几年在激烈的市场竞争中脱颖而出，成为当地最大的一家综合超市，销售业绩以每年15%的速度增长，得到了市场的认可。

　　Y超市为了能够保证店内商品质量，在与供应商合作之前和合作过程中都会进行不定期的评估（见表3—5），以了解供应商对品类的推动作用。

表3-5　　　　　　　Y超市供应商评估表

	一级指标	权重	二级指标	权重	总权重
超市供应商评估	产品竞争力	0.3737	质量	0.4825	0.1559
			价格	0.3381	0.1081
			产品竞争力	0.1794	0.0562
	配送能力	0.1360	供货能力	0.5864	0.1069
			柔性	0.4136	0.0917
	品类合作能力	0.2624	信息能力	0.4098	0.1071
			活动能力	0.5902	0.1049
	资信与发展潜力	0.2279	企业资信	0.3886	0.0949
			发展能力	0.6114	0.1383

第六步：评估校园便利店经营表现

校园便利店2015年10月的品类销售数据见表3-6，请根据这些销售数据，对该店经营表现做出评估。

表3-6　校园便利店2015年10月各品类销售报表

	销售额（元）	毛利额（元）	毛利率	损耗额（元）	库存额（元）	库存周转天数（天）
目标	227 965	36 474	16%	911.86	85 000	13.3
实际	185 190	24 909	13.45%	751.44	79 499	14.9
完成率	81.2%	68.3%	-2.55%	82.4%	93.53%	1.6

第七步：对校园便利店的品类发展提出建议

◎ 知识积累

一、品类评估的含义

品类评估是全面、深入地分析零售商商品经营目前的

　　　　　　　　　　品类管理实训

状况以及与市场、竞争对手的差距，从而找到自己的强项和弱项，为下一步的品类目标和品类策略提供数据支持。品类评估是品类管理的基础核心环节，其目的是找到企业品类改善的机会，并为下一步制定品类目标和品类策略提供依据。

二、品类评估的主要内容

品类评估一般涵盖以下几个方面：品类发展趋势、零售商销售表现、市场和竞争对手表现及供应商财物、配送能力等。

品类发展趋势评估包括：品类的增长潜力、品类增长的主要推动力、消费者的消费趋势、购物者的购物行为。

零售商品类销售表现评估包括：零售商总体表现、零售商可比门店的表现、零售商门店的表现。

市场/竞争对手表现评估包括：市场/竞争对手的品类增长率如何、与零售商的差距有多大。市场/竞争对手次品类、小分类、价格带、包装大小的走势如何。零售商的表现与其是否一致。如果某些走势不一致，是不是零售商差异化的需求，是不是零售商目标购物群的不同，是不是品类发展的趋势。市场竞争对手品类的增长或下降是由哪些次品类、小分类、价格带、包装大小来推动的。市场竞争对手品类的发展对自己有何借鉴之处，如选品、陈列、价格、促销等。

供应商评估包括：供应商对零售商的重要性、供应商的配送能力、供应商的执行能力。

饮料品类的发展趋势

1.瓶装水的市场容量将持续增加

消费者对饮料品类消费观念的回归是迟早的事情，近两年，食品行业质量问题层出不穷更促使了这一趋势的及早到来。无添加、纯天然的瓶装水必然成为饮料行业份额的最大占有者。从国内市场的现状中，相信我们也不难看出，5100、昆仑山等企业进军高端水市场；农夫山泉、康师傅、雀巢、娃哈哈也通过种种方式提价，保证在各个价位区间保证绝对的竞争优势。

2.饮料品类将不断增加

随着行业成熟度的增加、消费者需求的多样化，饮料品类的细分更加成为必然，纵观各个超市的饮料货架，已经远远超过其他品类的面积。以娃哈哈为例：营养快线占到其总饮料销售额的60%左右，其他二三十个单品仅占到40%~50%，但企业仍不断研发新品，试图通过较宽的产品线，吸引更多的消费者。这是饮料品类不断增加的很好例证。饮料品类还会继续增加，在主流品类和非主流品类的互补中实现饮料品类的发展。

3.价格、产品定位持续上扬

随着饮料行业成熟度的增加，传统品类之间的竞争已经演变成为价格竞争、成本竞争。各个厂家都试图通过高价位的新品或老品提价来提高厂家的盈利水平。

4.竞争加剧，卖点创新更多

卖点创新将是近几年饮料行业最主要的一个特点：如水果种类的创新、茶种类的创新、品类组合的创新、小类水果饮料的开发、包装的创新、口感的创新、饮用方式的创新等等。通过某个卖点的创新吸引一批新的消费者的营销方式，有很大的操作空间，也是近几年最主要的创新方式。

5.健康理念被更多的消费者接受

消费者已经从最初的追求口感逐渐回归，无糖、低糖、无添加、多纤维、低脂等健康概念会被越来越多的消费者所接受。

6.消费者不断分化，品类差异化市场巨大

国内消费者逐渐分化，寻找属于自己的口感、包装、品牌定位的产品会成为很多年轻消费者的选择，这点在产品包装上更易体现出。通过外包装来实现与消费者的互动；通过无糖、低糖、多纤维、低脂等契合自己的消费者；通过品牌理念，如环保、互助、奉献等与消费者实现更深层次的情感沟通。如此种种，可以看出，消费者将不断分化，品类差异化的市场非常巨大。

【问题讨论】

1.从品类的增长潜力、增长的主要推动力、消费者的消费趋势、购物者的购物行为四方面分析饮料品类的发展趋势。

2.任选一种熟悉的饮料，分析其未来发展趋势。

◉ 实训评价

通过学生自评、学生互评、教师点评等三种形式对学生在实训过程中所体现出来的人员素质、实训态度、工作能力、实训结果等方面进行综合考核，并填写品类评估考核评价表（见表3-7）。

表3-7　　　　　　**品类评估考核评价表**

班级：　　　　　　考核对象：　　　　　　考核时间：

考评标准	考评分值（分）	得分（分）
正确理解"品类评估"概念	20	
正确理解品类评估的内容，表述准确	20	
正确对校园便利店店内品类作出评估	20	
资料收集与整理内容全面、具体	20	
团队合作协调	20	
总计		
评语		

实训任务二　品类目标制定

◉ 任务设计

市场销售人员在销售管理工作中，为不同商品品类制定合理的品类目标，设计出比较详细的品类评分指标体系。

◎ 实训目标

1.掌握品类目标的概念
2.掌握品类评分表的设计方法

◎ 实训情境

小张在某校园便利店担任店长已有18个月，并通过品类评估对店内不同品类的表现有了更深入的了解。现在店长小张急需根据各品类的表现为其制定品类目标。

目前，便利店品类的毛利率见表3-8。

表3-8　　　　　**校园便利店各品类毛利率**

品类名称	毛利率
熟食面点	8%～12%
速冻食品	8%～12%
即食品品类	8%～15%
碳酸饮料	8%～12%
果汁饮料	8%～12%
奶制品	12%～17%
水饮料	12%～18%
糖果	15%～20%
饼干	12%～16%
膨化食品	10%～15%
洗发类	13%～20%
牙膏、牙刷	10%～16%
香皂	10%～15%
学习用品	10%～13%

◎ **实训要求**

参加实训的同学调查本校内某一校园便利店，了解店内各品类销售额、毛利率等指标，根据实训步骤，填写相关内容。在实训过程中，理解品类目标的概念，掌握品类评估体系的确定方法。

◎ **实训操作**

第一步：了解品类评分表的含义

_____

_____

_____

_____

第二步：确定品类角色与品类评分表之间的关系

请根据讨论分析结果，填写品类角色与品类评分之间的关系（见表3-9）。

表3-9　　　　　**品类角色与品类评分的关系**

品类角色	对商店的影响	对消费者的影响	对配送的影响
目标性品类			
常规性品类			
季节性/偶然性品类			
便利性品类			

第三步：确定校园便利店品类评分表

请根据实际调查及讨论分析，填写校园便利店品类评分表（见表3-10）。

表3-10　　　**校园便利店品类评分表**

	上年	当年	目标	差距	市场	差距
销售额						
销售增长						
可比增长						
毛利额						
毛利率						
库存周期						
库存天数						
现货率						
送货率						
投资回报率						

第四步：确定校园便利店毛利率目标

请根据讨论分析，填写校园便利店毛利率目标（见表3-11）。

表 3-11　　　　　　校园便利店毛利率目标

品类名称	上年	当年	目标
药品品类			
休闲零食品类			
即食品品类			
饮品品类			
礼品品类			
日化品类			
文具品类			
日杂品类			
饰品品类			

第五步：判断品类绩效指标高低对便利店的影响

（1）资本周转率比率越高，表示资本经营效率越
_____；
资本周转率比率越低，表示资本经营效率越
_____。

（2）存货周转率比率越高，表示经营效率越高或存货
管理越_____；
存货周转率比率越低，表示经营效率越低或存货管理
越_____。

（3）存货周转期间越长，表示经营效率越低或存货管

理越_____；

　　存货周转期间越短，表示经营效率越或存货管理越

_____。

　　（4）销货毛利率比率越高，表示获利空间越

_____；

　　销货毛利率比率越低，表示获利空间越

_____。

　　（5）应付账款周转期间越长，表示免费使用厂商信用
的时间越_____；

　　应付账款周转期间越短，表示免费使用厂商信用的时
间越_____。

　　（6）投资报酬率比率越高，表示资本产生的净利越

_____；

　　投资报酬率比率越低，表示资本产生的净利越

_____。

　　（7）面积效率越高，表示卖场（全场）面积所创造的
营业额越_____；

　　面积效率越低，表示卖场（全场）面积所创造的营业
额越_____。

　　（8）来客数越高，表示客源越_____

_____；

　　来客数越低，表示客源越_____

_____。

　　（9）客单价越高，表示一次平均消费额越_____

_____；

客单价越低，表示一次平均消费额越＿＿＿＿＿＿＿＿＿

＿＿＿＿＿＿＿＿＿＿＿＿＿＿＿＿＿＿＿＿＿＿＿＿＿＿＿。

（10）营收达成率比率越高，表示经营绩效越＿＿＿＿＿＿

＿＿＿＿＿＿＿＿＿＿＿＿＿＿＿＿＿＿＿＿＿＿＿＿＿＿＿；

营收达成率比率越低，表示经营绩效越＿＿＿＿＿＿＿＿

＿＿＿＿＿＿＿＿＿＿＿＿＿＿＿＿＿＿＿＿＿＿＿＿＿＿＿。

（11）毛利达成率比率越高，表示经营绩效越＿＿＿＿＿＿

＿＿＿＿＿＿＿＿＿＿＿＿＿＿＿＿＿＿＿＿＿＿＿＿＿＿＿；

毛利达成率比率越低，表示经营绩效越＿＿＿＿＿＿＿＿

＿＿＿＿＿＿＿＿＿＿＿＿＿＿＿＿＿＿＿＿＿＿＿＿＿＿＿。

（12）净利成长率比率越高，表示净利成长性越＿＿＿＿＿

＿＿＿＿＿＿＿＿＿＿＿＿＿＿＿＿＿＿＿＿＿＿＿＿＿＿＿；

净利成长率比率越低，表示净利成长性越＿＿＿＿＿＿

＿＿＿＿＿＿＿＿＿＿＿＿＿＿＿＿＿＿＿＿＿＿＿＿＿＿＿。

操作实例3-5
便利店如何制定品类目标

便利店所经营的商品繁多，每个品类的毛利率都不同。一般食品类毛利率相对较低，百货类毛利率较高。而生鲜类则不赚钱，只是为了拉动人气，因为生鲜类损耗较大，同时耗材用量也很大。所以，便利店为了回避风险一般不做生鲜。

一般情况下，知名品牌的毛利率较低，但销售量较大。如果便利店盲目追求毛利率，就一定会影响到销量，反而降低了便利店的毛利额。销量大，毛利额自然就高。很多商家会有一个误区，一再追求高的毛利率，而忽视了毛利额才是真正的利润。

一些大的超市，综合毛利率还达不到6%，但他们的销售额很高。一般卖场面积在8 000-12 000平方米的超市，一天销售额在20-35万之间。3 000-5 000平方米的超市，一天销售额在10-15万之间。

如果盲目追求高毛利率，势必会导致销售额的下降。毛利率低，销售额就高，毛利额也会随之升高。毛利率高，销售额就会降低，毛利额也随之降低。这是一个不变的市场规律。因此，在超市或便利店在制定品类目标时，一定要符合市场规律，才能够保证利润。

◉ 知识积累

一、品类目标的含义

品类目标也可叫作品类评估表，它提供了一个综合平台，将业务目标和衡量标准明确下来，通过统一的衡量标准反映实际情况与目标之间的差异，使得品类的整体状况一直被衡量和监控，以便随时发现问题，立即制订相关行动方案。

二、品类角色与品类目标之间的关系

品类角色与品类目标之间的关系见表3-12。

表3-12　　品类角色与品类目标之间的关系

品类角色	对商店的影响	对消费者的影响	对配送的影响
目标性品类	销售额 客流量 市场份额 品类转换率	顾客满意度 购物频率 客单价	缺货率 库存天数 库存周转率 客户服务水平
常规性品类	销售额 毛利率 客流量 品类转换率	顾客满意度 购物频率 客单价	缺货率 库存天数 库存周转率 客户服务水平
季节性/偶然性品类	短期： 销售额 客流量	短期： 客单价 购买率	短期： 缺货率 库存周转率 客户服务水平
便利性品类	利润率	客单价	库存天数

三、评估品类绩效的常见指标

评估品类绩效的常见指标见表3-13。

表 3-13   **评估品类绩效的常见指标**

类型	指标	含义
销售	销售额	品类销售额
	销售增长	销售额趋势
	销售/平方米·年	空间使用率
利润	毛利率	品类获利率
	毛利额	品类贡献率
	平均销货折扣	实际销售价与标价之间的差距
	利润增长	利润趋势
	净利润	品类贡献率
	毛利回报率	存货投资获利率
份额	全部市场份额	零售企业在整个市场的份额
	品类零售市场份额	零售企业在品类零售业的份额
	市场份额增长	市场份额趋势
	品类发展指数	品类相对于零售商平均水平的发展状况
产品供应	供应天数	库存空间使用效率
	存货周转	动销率
	资产回报率	资产使用效率
	售罄率	货品销售的速度
	存销比	现有存货需要多少时间销售完

类型	指标	含义
消费者行为	购买比率	购买该品类顾客比例数
	购买频率	顾客重复购买该品类的次数
消费者反应	价格弹性	顾客对价格变化的反应
	促销弹性	顾客对促销的反应
	促销效果系数	促销对提高销售单位量的效果
全部门店消费者	来客数	门店全部营销活动的客流效果
	客单价	门店全部营销活动的交易效果
	客品数	每个客人所购买商品数量的多少

案例讨论 3-2

苏宁天猫合体"造节",手机品类全年目标 1 000 亿

如今的手机行业,渠道越来越多元化,如果能将线上、线下融会贯通,召集线上流量最大的电商平台,加上线下渠道最广的电商平台,联合起来卖手机,将会释放怎样的能量?

2016 年 3 月 24 日,一场主题为"协同增效、整合、共赢"的发布会,在苏宁总部举行。会上,苏宁、天猫宣布将联手打造全国最大的手机零售平台,并在 4 月举办行业首个全渠道手机节(如图 3-3 所示)。

图3-3 苏宁、天猫超级手机节

猫宁联手欲打造全国最大的手机零售平台

2015年，阿里、苏宁已有283亿元的战略合作启动，如今是第一个实体项目落地，会上宣布了天猫和苏宁即将展开的大动作——联手打造全国最大的手机零售平台，以及将联手举办第一个超级手机节。

"2016年，我们的目标是突破创新，联合天猫开拓销售新纪元。"苏宁通信公司总裁顾伟在会上表示，猫宁此次联手是要打造全国最大的手机零售平台，全年销售目标为1 000亿元。

猫宁联手在手机领域剑指千亿目标，双方这次深度合作，得益于一系列量变引发的化学反应。

天猫手机事业部总裁潘志勇表示，进入3月份以来，天猫、苏宁已经连续与华为、魅族、荣耀、三星、乐视、努比亚、OPPO、vivo、华硕、联想、美图等众多品牌签约，后续还将陆续增加签约厂家的数量。

显然，迎接全年手机大战，天猫、苏宁可是有备而来。对于苏宁、天猫在手机领域的合作前景，苏宁云商COO侯恩龙充满信心。在发布会致辞中，他表示，猫宁合作除了规模大到没对手，最大的优势体现在本次会议的主题上，那就是苏宁天猫通过协同、增效，达到资源的整合，取得共赢的局面。

侯恩龙指出，对于手机领域来说，2016年是"围城之年"，行业内部厮杀将更为激烈。如何在竞争中拔得头筹？这是所有品牌商、电商都需要考虑的问题。

其实，针对侯恩龙提出的这个手机未来之问，已有行业观察者给出了自己的答案：在重视用户体验的今天，线下线上渠道融合已是大势所趋。

而前不久的小米4S由苏宁全渠道包销的案例，也为他的这一问提供了最直观的答复：小米4S首销的3月1日，苏宁双线齐发力取得开门红，销售量突破11万台。

事实证明，基于O2O模式的电商平台输出的手机零售服务，既满足了用户对消费便捷、快速的需求，又满足了用户对亲身体验和购物场景的重视。

6亿会员加双线全渠道，手机节销量可期

"未来什么样的手机能存活，能活得好？我认为，有品牌、有规模，能上线、能落地的品牌，有望在这场淘汰赛中活下来。"侯恩龙认为，想领跑手机市场，需要多方通力合作，把最优秀的产品和服务及时输送到用户手上。

如何实现这一目标？记者了解到，作为线上流量最大的电商和线下渠道最广的电商，猫宁牵手，意味着双方共同覆盖的会员将达6亿。基于对会员大数据的分析，直击用户痛点，通过 C2B 反向定制，向用户输出优质的定制化产品和服务，苏宁可谓是经验丰富、战果累累。例如，苏宁手机曾针对女性爱自拍的消费热点，联合软件制造商研发美图手机，受到用户好评。在互联网手机品牌竞争白热化的当下，苏宁手机走出了一条挖掘消费热点，提供个性化产品和服务的成功之路。

从输出优质产品、服务，到产品、服务及时抵达用户，猫宁的渠道也是业内最广：苏宁线下 2 700 多家城市门店和遍布三、四级市场的易购直营店、村淘，以及天猫线上平台、苏宁易购线上平台和苏宁易购天猫旗舰店。

在手机零售市场已是一片血海的时候，大家希望看到新的发展机遇。无论从供应链角度，还是从渠道、售后服务等角度来看，猫宁此番联手，意味着手机"第一卖场"的正式形成。放眼手机业态，今年的市场正趋于平缓，拓展全渠道的发展模式也是大家步调一致的做法。

资料来源：蒋佩芳. 苏宁天猫联手打造手机"第一卖场"〔EB/OL〕.〔2016-03-26〕. http://finance.ifeng.com/a/20160325/14288910_0.shtml.

【问题讨论】

1.简述苏宁和天猫手机的品类目标。

2.选择某一具体的手机品牌，设计考核品类绩效的指标体系。

◎ 实训评价

通过学生自评、学生互评、教师点评等三种形式对学生在实训过程中所体现出来的人员素质、实训态度、工作能力、实训结果等方面进行综合考核，并填写品类目标考核评价表（见表3-14）。

表3-14　　　**品类目标考核评价表**

班级：　　　　　考核对象：　　　　　考核时间：

考评标准	考评分值（分）	得分（分）
正确理解"品类目标"的概念	20	
正确理解品类角色与品类评分表的关系	20	
正确制定校园便利店品类目标、毛利率目标	20	
正确判断品类绩效指标高低对便利店的影响	20	
资料收集与整理内容全面、具体	10	
团队合作协调	10	
总计		
评语		

实训项目四
品类策略与品类战术

实训任务一　品类策略制定

◎ 任务设计

市场销售人员在销售管理工作中，为不同商品品类制定合适的品类策略。

◎ 实训目标

1.掌握品类策略的概念。
2.熟悉常见的品类策略。
3.掌握品类策略的操作方法与步骤。

◎ 实训情境

小张所在的某校园便利店经营平稳，但近期校园周边新开了一家唐品便利店，与校园便利店互为竞争对手。由于唐品便利店位于南北两校区之间，是学生上课、放学的必经之路，加上周围社区居民的光顾，使该便利店在校园外的认知度较高。而校园便利店在商品丰满度、顾客认知度、客流量方面明显不及唐品便利店。面对竞争，作为校园便利店店长小张，需要为该店各品类制定正确的品类策略。

◉ 实训要求

参加实训的同学能够以本校内某一校园便利店和校外某便利店为背景，了解两家便利店店内各品类状况，根据实训步骤，填写相关内容。在实训过程中，理解品类策略的概念，掌握品类策略的制定方法。

◉ 实训操作

第一步：了解品类策略的含义

_____

_____

_____

_____

第二步：了解常见的品类策略类型

（1）_____

（2）_____

（3）_____

（4）_____

（5）＿＿＿＿＿＿＿＿＿＿＿＿＿＿＿＿＿＿＿＿＿＿
（6）＿＿＿＿＿＿＿＿＿＿＿＿＿＿＿＿＿＿＿＿＿＿
（7）＿＿＿＿＿＿＿＿＿＿＿＿＿＿＿＿＿＿＿＿＿＿
（8）＿＿＿＿＿＿＿＿＿＿＿＿＿＿＿＿＿＿＿＿＿＿
（9）＿＿＿＿＿＿＿＿＿＿＿＿＿＿＿＿＿＿＿＿＿＿
（10）＿＿＿＿＿＿＿＿＿＿＿＿＿＿＿＿＿＿＿＿＿＿
（11）＿＿＿＿＿＿＿＿＿＿＿＿＿＿＿＿＿＿＿＿＿＿

第三步：了解品类策略与品类目标之间的关系

请根据讨论分析结果，填写品类策略与品类目标之间的关系（见表4-1）。

表4-1　　　**品类策略与品类目标之间的关系**

品类策略	品类目标指标
增加客流量	
提高客单价	
产生利润	
增加现金流量	
增加消费量	
提高客户服务水平	

第四步：了解品类策略与品类角色之间的关系

请根据讨论分析结果，填写品类策略与品类角色之间的关系（见表4-2）。

表 4-2   品类策略与品类角色的关系

品类角色	品类策略
常规性品类	
目标性品类	
便利性品类	
季节性/偶然性品类	

第五步：了解品类策略的操作方法

（1）＿＿＿＿＿＿＿＿＿＿＿＿＿＿＿＿＿＿＿＿

（2）＿＿＿＿＿＿＿＿＿＿＿＿＿＿＿＿＿＿＿＿

（3）＿＿＿＿＿＿＿＿＿＿＿＿＿＿＿＿＿＿＿＿

（4）＿＿＿＿＿＿＿＿＿＿＿＿＿＿＿＿＿＿＿＿

操作实例 4-1
银座百货蜂蜜品类的品类策略调整

随着近几年保健品的风靡，银座百货也开始逐渐关注蜂蜜品类在卖场的销售状况。

2011 年银座百货蜂蜜品类的销售额共计 30.8 万元，毛利率为 18.7%。蜂蜜品牌中百春、美源、活宝、家美惠、伟多利销售状况较差，大禄园、慈生堂销售状况较好。品牌毛利率贡献最大的是智仁、周氏、蜂上皇、润露和嗡嗡乐，其他品牌的毛利率在 15% 以下。银座百货通过分析发现以下几点：

1.门店中蜂蜜品类品牌较多，但专业蜂蜜品牌较少。

2.促销商品重复，促销手段无新意。

3.蜂蜜商品多为直供或配送，厂家无专职销售人员，缺少品牌产品的日常维护。

4.商品缺断货严重，蜂蜜产品品种单一。

为解决上述问题，银座百货调整了蜂蜜品类的品类策略以提升销售。一是进行品牌调整和引进新品牌；二是突破单一的价格促销形式，采取主题促销、节日促销等综合性的促销方式；三是定期过滤零库存商品信息，查找缺货原因，减少断货率；四是与厂家联系，增派销售专员；五是加强价格监控，提高毛利。

第六步：为校园便利店各品类制定品类策略

（1）列出校园便利店各品类可用的品类策略。

_____

_____

_____

_____

_____

_____

_____

（2）回顾校园便利店各品类的品类角色。

请根据实际调查结果，填写校园便利店各品类的品类角色（见表4-3）。

表4-3　　　　　校园便利店各品类的品类角色

品类名称	品类角色	品类角色适合的策略
药品品类		
休闲零食品类		
即食品品类		
饮品品类		
礼品品类		
日化品类		
文具品类		
日杂品类		
饰品品类		

（3）回顾校园便利店各品类的品类目标。

请根据实际调查结果，填写校园便利店各品类的品类目标（见表4-4）。

（4）确定各品类的品类策略。

请根据讨论分析结果，填写校园便利店各品类的品类策略（见表4-5）。

表4-4　　　　　　　校园便利店各品类的品类目标

品类名称	品类目标	品类目标适合的策略
药品品类		
休闲零食品类		
即食品品类		
饮品品类		
礼品品类		
日化品类		
文具品类		
日杂品类		
饰品品类		

表4-5　　　　　　　校园便利店各品类的品类策略

品类名称	品类策略
药品品类	
休闲零食品类	
即食品品类	
饮品品类	
礼品品类	
日化品类	
文具品类	
日杂品类	
饰品品类	

实训项目四　品类策略与品类战术

第七步：了解品类策略向品类战术转化的思路

（1）＿＿＿＿＿＿＿＿＿＿＿＿＿＿＿＿＿＿＿＿＿＿＿

＿＿＿＿＿＿＿＿＿＿＿＿＿＿＿＿＿＿＿＿＿＿＿＿＿＿＿

（2）＿＿＿＿＿＿＿＿＿＿＿＿＿＿＿＿＿＿＿＿＿＿＿

＿＿＿＿＿＿＿＿＿＿＿＿＿＿＿＿＿＿＿＿＿＿＿＿＿＿＿

（3）＿＿＿＿＿＿＿＿＿＿＿＿＿＿＿＿＿＿＿＿＿＿＿

＿＿＿＿＿＿＿＿＿＿＿＿＿＿＿＿＿＿＿＿＿＿＿＿＿＿＿

第八步：分析校园便利店如何有效提高客单价

请根据讨论分析结果，填写校园便利店提高客单价的品类战术（见表4-6）。

表4-6　　校园便利店提高客单价的品类战术

品类战术	提高客单价
商品组合	
商品定价	
商品陈列	
商品促销	

操作实例4-2
看外资卖场怎样提高客单价

目前国内大城市的大卖场，客单价一直在40元左右徘徊；而家乐福等外资大卖场的客单价在80元左右，上海家乐福古北店更是超过了百元。这些跨国公司究竟有什么秘诀？

客单价就是顾客平均购物金额。假定有效客流不变，提高销售的唯一方法就是提高客单价。其决定因素有二：一是顾客属性，包括顾客生活水平、消费能力、购物习惯等。决定顾客属性最直接的因素就是选址，当然商店定位、装修风格等对顾客属性也有影响，这些都是建店前要考虑的问题。二是商店属性，包括卖场规划、商品价格、商品结构、商品陈列、促销活动、顾客服务等。从这个角度提高客单价有两个途径：一是提高顾客购买商品的单价，也就是创造让顾客购买高单价商品的机会；二是增加顾客单次购买商品的个数。

在不知不觉中提高客单价水平

家乐福的生鲜和百佳超市的熟食，大部分要实现天天平价，其敏感单品的价格一定比其他零售商低。比较分析家乐福、麦德龙、好又多的女拖鞋价格区间，可以发现他们对商品单价的操作手法截然不同。购物心理调查显示：人们认为一双女拖鞋6元以下就比较便宜，所以家乐福最低定价5.9元，在这个价位上提供两个单品，让顾客感觉这儿有便宜的女拖鞋。调查还显示，一双拖鞋20元以上就有些高了，所以家乐福27个拖鞋单品中，有22个定价在19.9元以下。

抓住一切机会主推高价格、高价值商品

回想一下，一线城市的大卖场里，方便面是不是

有很多大包装？洗衣粉的包装是不是越来越大，甚至出现了一些超大包装？洗发水的促销活动是不是集中在大规格/大包装（如1 000毫升）上？这些都是提高客单价的手段。门店要将有价格优势（高价格、高价值、高毛利）的商品，放置在主通道或货架最佳位置上，引导顾客。有些零售商在购物旺季，对于杂货、百货等单价低于5元的商品，不允许做促销，不允许做堆头，只能在排面上正常陈列。

多年前，麦德龙就开始在欧洲经营豪华礼包业务，享有"礼包专家"的美誉。麦德龙总是结合相应的节庆及活动营销主题，准备相应的商品组合和特别设计的礼盒。麦德龙门店成立了豪华礼包团队，专门负责寻找独特的商品组合成礼包，并为每一款礼包设计相应的礼盒。别看包装盒花费不大，它们不仅更好地满足了顾客的需求，还有效提高了客单价。

把购物车主动推给顾客

北京家乐福国展店开业时，门口只有购物车，没有购物篮，当时许多人不理解。站在投资的角度，购物车成本要远高于购物篮，难道是家乐福不懂成本控制吗？其实不然。我们有时会看到，顾客左手抱一个西瓜，右手拎一桶金龙鱼油，同时还要杂耍般对付几个小瓶子和盒子，以免它们掉下来。如果在顾客进入超市时给他们一辆购物车，他们的心理就会发生变化，尤其是对于闲逛型的顾客。第一，他们会觉得自己也应该买点什么，不然推着一个空车走来走去不是很好看；第二，只要把一件商品扔进车里，闲逛的人就开始改变主意了，最后他们也许会变成消费最多的顾客。为了能让更多的人推着车走，最好在购物车领取处附近安排一个服务员，当顾客朝着购物车走去的时候，热情地给他们一辆车。这个动作很小，但顾客会很开心，因为这体现了对他们的关心，既可以让顾客满意，又能提高销售额。

延长客动线，增加购物机会

目前很多超市的布局设计得并不理想，这就需要妥善利用现有的条件，让顾客尽可能在卖场内逗留得久些。

第九步：分析校园便利店如何有效提升客流量

请根据讨论分析结果，填写校园便利店提升客流量的品类战术（见表4-7）。

表4-7　　校园便利店提升客流量的品类战术

品类战术	提高客流量
商品组合	
商品定价	
商品陈列	
商品促销	

操作实例4-3
业内专家为提升客流量支招
开展促销活动提升客流量
——华联购物中心淮安店总经理 李辉

要推出一些消费者关心并且可以为其带来实质利益的活动，由此带动销售气氛，如措施得当还可以在淡季掀起一次销售高潮。促销活动不是简单的优惠打折，要从其他的角度曲线切入。以白酒行业为例，在销售淡季时可以举行酒文化艺术展，通过展示中华民族源远流长的酒文化来激发消费者的购买欲望，同时也是一个品牌宣传的绝好手段；还可以举行新人抽奖活动，参与答题或到场即有机会获得婚礼酒水的馈赠活动，酒水也是婚礼上的必备品。总之，要想方设法搞好宣传促销来拉动人气

借势吸引眼球提升客流量
——上海发联超市杨口店总经理 颜士松

通常在淡季商品都是缺乏消费者关注的，此时可以采取一些借助热点事件或制造热点事件的办法来吸引消费者的关注，关注的目光多了，自然增加了消费的可能性。比如当地政府部门或民间团体举办联谊会、交流会等一些大型会议。这时，零售客户可以通过有效渠道渗入其中。比如，参会人员可以凭代表证、贵宾卡到本店享受优惠，参加者均有小礼品相送等，只要开动脑筋，何愁客流量上不去？

战略性逆势营销提升客流量

——农工商超市涟水安东路店卖场主管　华小乐

在淡季时也要做好基本的营销工作，比如适当的广告投放等。通常到了淡季，企业的营销活动基本都已停止，广告大量减少甚至完全撤下，以减少开支。但是，淡季保持一定的曝光率是塑造卖场形象所必需的，因为，当一个品牌（卖场形象）整个淡季都没有接触消费者，来年很容易被消费者所遗忘，品牌价值（卖场形象价值）与其在消费者心目中的地位也很难进行积累。所以，在淡季时依然要保持一些基本的营销活动，使消费者不至于忘记你。

第十步：分析校园便利店如何有效提升利润率

请根据讨论分析结果，填写校园便利店提升利润率的品类战术（见表4-8）。

表4-8　　校园便利店提升利润率的品类战术

品类战术	提升利润率
商品组合	
商品定价	
商品陈列	
商品促销	

第十一步：分析校园便利店不同品类策略下，应如何
进行品类战术的转化

（1）品类策略是增加现金流。

_____

_____

_____

（2）品类策略是刺激购买。

_____

_____

_____

（3）品类策略是强化价格形象。

_____

_____

_____

（4）品类策略是保持现有市场份额。

_____

_____

_____

（5）品类策略是强化商品多样化形象。

_____

_____

_____

（6）品类策略是激发试用与首次购买。

_____

（7）品类策略是提升忠诚度。

第十二步：对校园便利店应对校外唐品便利店的竞争提出建议

◎ 知识积累

一、品类策略的概念

品类策略是制定相应的策略，以满足品类的角色并达到评估目标的过程。它能帮助零售商实现品类评分表的目标，同时会让零售商实现差异化竞争。

二、常见的品类策略

常见的品类策略见表4-9。

表4-9 　　　　　　　　　　　　 **品类策略表**

品类策略	策略描述
增加客流量	增加品类购买的人数
提高客单价	提高购物者每次的购买金额
贡献利润	引导购物者购买利润更高的商品
保持现有市场份额	不惜代价保持/强化现有市场地位
刺激购买	为刺激购买而制造紧迫感、新奇感、机遇感
消费者教育，提高认知度	帮助购物者了解品类特征、使用功能等
渗透/试用	激发顾客的试用与初次购买
提升忠诚度	保持购物者在本商场持续多次的重复性购买
增加现金流	提高品类库存的周转率
提高消费量	刺激额外的/新的使用方法
维护形象	在价格、服务、选品、氛围等方面建立、强化并传递零售商想获得的企业品牌形象

三、品类策略与品类评分指标的关系

品类策略与品类评分指标的关系见表4-10。

表4-10　　品类策略与品类评分指标的关系

品类策略	品类评分表指标
增加客流量	高市场份额、高购买频率、高销售比例
提高客单价	客单价
产生利润	更高的毛利率和周转率
增加现金流量	更高的周转率和购买频率
增加消费量	更高的销售额、客单价和购物频率
提高客户服务水平	更高的订单满足率、更低的缺货率

四、品类策略与品类角色的关系

品类策略与品类角色的关系见图4-1。

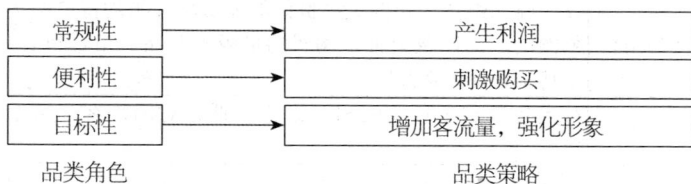

品类角色	品类策略
常规性	产生利润
便利性	刺激购买
目标性	增加客流量，强化形象

图4-1　品类策略与品类角色的关系

五、品类策略的操作方法

品类策略制定可以分解为4个行动步骤：

1.了解可用的品类策略；

2.回顾品类角色；

3.回顾品类目标；

4.品类策略确定。

六、品类策略向品类战术转化的思路

品类策略向品类战术转化的思路有3种：

1.根据品类策略选择与该策略最匹配的商品；

2.将商品组合、定价、陈列及促销等资源向该种商品倾斜；

3.在商店运作其他方面围绕品类策略进行补充。

七、如何有效提升客单价

提高客单件的品类战术见表4-11。

表4-11　　　　　　**提高客单件的品类战术**

品类战术	提高客单价
商品组合	改变商品组合，转向更高价值的能够增加平均每单购买金额的产品以及大批量购买的量贩装产品、组合包装，尤其是在促销选品时
定价	对大包装和多包装的SKU定价较低，对团购客户给予优惠
陈列	对高单价商品及量贩装商品通过端架、堆头或特殊陈列来突出；高单价商品的陈列展示手法要特别注意一下，要体现高单价商品的价值感；利用交叉陈列手段，注意关联商品的内涵体现；在店内的、购物篮、购物车等的设计上要提供多购买的便利；购物的班车线路设计上要考虑沿途客人的购买能力
促销	高价值商品、大包装商品的促销力度、促销频率要大；利用店内促销来鼓励消费者购买更高价格的大包装，高品质SKU，尽量避免促销难携带的商品；直接利用买赠活动提升客单价

八、如何有效提升客流量

提升客流量的品类战术见表4-12。

表4-12　　　　**提升客流量的品类战术**

品类战术	提高客流量
定价	对高忠诚度商品大胆定价及高购买比例-高购买频率的商品优惠定价； 对特定目标消费群体高购买频率的商品要特殊对待
陈列	对高购买比例-高购买频率的商品通过端架、堆头或特殊陈列来突出； 改善卖场基本设施如卫生间，增加对顾客的吸引力； 改善交通条件，必要时开通购物班车，尤其是边缘商圈要重点加强
促销	对高购买比例-高购买频率的商品采用媒体导向的促销战术； 对高忠诚度和高渗透率的项目/小类，以其竞争性价格频繁进行广告； 对再次光顾门店的消费者提供消费者补偿或其他价值； 持续有竞争力的促销计划； 加强对边缘商圈的宣传力度

九、如何有效提升利润率

提升利润率的品类战术见表4-13。

表 4-13　　　　　　　提升利润率的品类战术

品类战术	提高客单价
商品组合	在商品组合中减少低毛利甚至负毛利商品； 在商品组合中增加高毛利商品和利润较高的自由品牌； 提高高利润的小类商品的市场覆盖率
定价	对高忠诚度和低价格敏感度的小类产品提高价格
陈列	对高利润的商品和自由品牌商品给予较好的摆放位置，适当时候可以放在端架或醒目的位置上
促销	着重于对高利润份额的商品进行促销； 促销仅限于高于平均利润的项目； 对高利润的SKU利用交叉陈列促销手段； 采用不依赖于价格折扣的促销工具

案例讨论 4-1

盼盼食品的品类策略

　　盼盼食品多年来一直致力于产品研发和技术创新，相继生产了"盼盼"牌薯片、麦香鸡味块等系列膨化食品；"盼盼"牌法式面包系列、铜锣烧、瑞士卷、软华夫、梅尼耶干蛋糕等烘焙食品；重磅打造的子品牌"艾比利"系列产品，去年更是重金打造盼盼饮料大品类。凭借其多品牌多品类的发展策略，盼盼食品发展势头一路被人看好。

盼盼食品集团营销负责人表示："中国市场巨大，在保证品质的前提下，依靠盼盼当前的品牌影响力，再加上完善的营销模式，通过认真运作，我相信盼盼的产品一定可以产生更大的销量。"在多品牌多品类的宏观策略下，深挖单品价值，强势抢占市场。为实现产品突围，盼盼食品采用密集的品牌高空轰炸与新颖有效的地面终端推进的相互配合的复合式营销策略，聘请众多当红明星为品牌代言，有策略性的投放电视广告。同时，盼盼食品还特别注重与消费者的交流，通过门户、视频网站以及微博、微信平台与消费者开展互动；盼盼食品还积极参与各类品牌推广活动，如中国大学生广告艺术节学院奖、全国创意西点大赛等，以加强与目标消费者之间的沟通交流。

【问题讨论】

1.评价盼盼食品的品类策略。

2.查阅资料或实地走访，收集三种熟悉商品的品类策略。

◎ 实训评价

通过学生自评、学生互评、教师点评等三种形式对学生在实训过程中所体现出来的人员素质、实训态度、工作能力、实训结果等各个方面进行综合考核，并填写品类策略制定考核评价表（见表4-14）。

表 4-14　　　　　　　**品类策略制定考核评价表**

班级：　　　　　　　　考核对象：　　　　　　　考核时间：

考评标准	考评分值（分）	得分（分）
正确理解"品类策略"的概念	15	
正确理解品类策略与品类目标、品类角色的关系	15	
合理制定校园便利店的品类策略	15	
正确制定校园便利店提高客单价的方法	15	
正确制定校园便利店提升客流量的方法	15	
正确制定校园便利店提升利润率的方法	15	
资料收集与整理内容全面、具体	5	
团队合作协调	5	
总计		
评语		

实训任务二　品类战术制定

○ 任务设计

市场销售人员在销售管理工作中，为不同商品品类制定合适的品类战术。

⊙ 实训目标

1.掌握商品组合战术制定方法。

2.掌握空间管理战术制定方法。

3.掌握商品定价战术制定方法。

4.掌握商品促销战术制定方法。

⊙ 实训情境

小张所在的某校园便利店为应对竞争已经制定了相应的品类策略，但小张作为店长还需要将品类策略转化为相应的商品组合、空间管理、商品定价和商品促销的品类战术。

⊙ 实训要求

参加实训的同学能够以本校内某一校园便利店为背景，为其制定品类战术，根据实训步骤，填写相关内容。在实训过程中，理解每种品类战术的相应内容，掌握每种品类战术的制定方法。

⊙ 实训操作

第一步：制定高效的商品组合战术

一、简述高效的商品组合的含义。

二、举例说明，校园便利店中哪些是重复性商品，哪些是多样性商品。

_____

_____

_____

　　三、利用80/20集中度分析法对校园便利店中商品结构进行分析。

_____

_____

_____

_____

　　四、利用ABC分析法对校园便利店中商品结构进行分析（见表4-15），并画出ABC结构图（如图4-2所示）。

表4-15　　　　　校园便利店商品结构

商品类型	销售额	单品数
A类商品		
B类商品		
C类商品		

图4-2 校园便利店ABC结构图

五、利用象限分析法对校园便利店中商品结构进行分析。

（1）全面赢家_____

_____

_____

（2）商店赢家_____

_____

_____

（3）市场赢家_____

_____

（4）全面输家

六、对校园便利店需要删除的单品提出建议。

七、对校园便利店需要引进的新品提出建议。

八、列出校园便利店需要调整的商品单品名单。

操作实例4-4
便利店与大卖场的商品组合差异

　　便利店与大卖场的商品组合存在差异。所以如何通过准确的定位、良好的商品配置来吸引特定的顾客成为发展的关键。便利店商品组合差异性主要表现在品类范围和商品数量、品类结构、商品特征、品类角色及经营品类贡献等方面。

　　一、不一样的品类范围和商品数量

　　1.便利店缩减了商品经营范围

　　小规模的单店面积及少量的网点分布使得便利店难以依靠规模优势大量销售，加上高额的装修费用及租金的支出，"高品质、高成本、高利润"成为核心经营模式，高毛利、高周转商品组合成为便利店盈利的核心。

　　便利店受制于经营面积及盈利方式，在商品品类选择中放弃"大而全"的大卖场式做法，缩减商品经营范围，保留"高毛利、高周转"的品类。

　　2.便利店精选优质商品，缩减商品数量

　　与大卖场相比，便利店面积较小，便利店会为目标客群精选优质商品，减少同类商品数量。

　　二、不一样的品类结构

　　便利店为满足目标群体的需求，在商品品类结构上与普通超市形成显著的差别。

　　便利店商品品类结构中基础食品、烟酒类、饼干、饮料及生鲜SKU（库存量单位）占比在5%~10%之间，而日配、母婴用品、冲调、方便食品、冷冻食品等SKU占比均在5%以下。这与大卖场的品类结构不同。在业态配比中，便利店与普通超市也有比较明显的差异，便利店提供更为丰富的日配品。

三、不一样的商品特征

1.适应目标客群生活方式改变。

便利店主要提供差异化的商品。

2.提供高质量商品，提供高品质生活。

便利店提供产品单价较高，在同类商品中进行严格的筛选，选取具有高品质的商品，为消费者提供了区别于普通大卖场的商品选择满足感。

四、不一样的品类角色

1.以体验性业态，吸引人流

便利店为了满足目标客群对于社交的情感需求，越来越多地提供体验性业态，进行更多的跨界尝试，使其不仅仅是简单的购物场所，在吸引人流的同时，提高顾客忠诚度。

2.提升特定品类重要性，满足目标消费者多方位需求

便利店根据人群对于特定商品品质及便捷性的需求，提升某些品类重要性。

五、不一样的品类经营贡献

便利店由于不同的品类结构及品类角色导致各品类经营贡献差异较大。例如便利店中20%的商品为休闲食品，为门店贡献14%的销售额，而在普通社区超市中休闲食品SKU占比为17%左右的销售贡献仅为7%。

便利店在与大量同质化的普通超市之间形成差异的同时增加商品的毛利率，从而提升品类毛利贡献。

第二步：制定高效的空间管理战术

一、简述高效的空间管理的含义。

_____

_____

_____

_____

二、观察校园便利店目前的布局，画出门店布局图（如图4-3所示）。

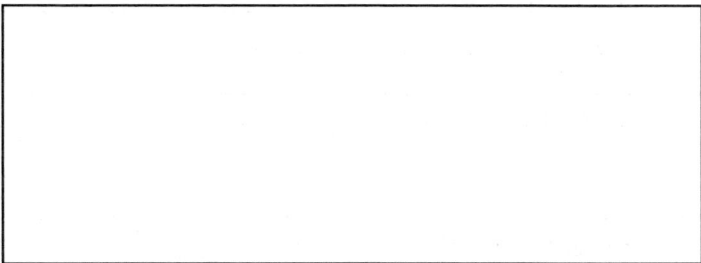

图4-3　校内便利店门店布局图

三、指出校园便利店目前布局的现状。

请根据实际调查结果，填写校园便利店布局情况（见表4-16）。

表4-16　　　　　校园便利店布局情况表

布局位置	所陈列的商品
一等地带	
死角或盲区	
过渡区	

四、简述磁石理论。

（1）第一磁石卖场_____

_____

_____

（2）第二磁石卖场_____

_____

_____

（3）第三磁石卖场_____

_____

_____

（4）第四磁石卖场_____

_____

_____

（5）第五磁石卖场_____

_____

五、画出校园便利店中的磁石点（如图4-4所示）。

图4-4　校内便利店磁石点分布图

六、对校园便利店进行货架空间管理。

（1）确认上架商品清单。

_____

_____

_____

_____

（2）确认陈列原则。

_____

_____

_____

_____

（3）方案确认与实施。

_____

_____

_____

_____

（4）陈列面优化。

_____

_____

_____

_____

操作实例4-5
便利店中各个品类的陈列布局

　　按大品类来讲，便利店商品分为生鲜、食品、百货、服务。从摆放位置的重要程度来看，一般来说服务大于食品，食品大于百货，百货大于生鲜。

　　四大品类一般划成四大块区域，各品类下的商品互相之间基本区分开，主要是食品和百货分开，不能混合摆放。

　　正常货架禁止任何厂家做陈列。因为厂家做的陈列会影响便利店对品类进行陈列，而且影响美观，破坏了商品陈列的整体布局。

　　通用陈列原则是按品类纵向陈列，将同一品牌的产品适当打散，归类到相关的品类。部分商品可以横向陈列，部分类别的商品可以按品牌陈列。黄金位置摆放高利润产品、大品牌商品、高单价商品、新品等。最便宜商品基本都放在最下层。同品牌不同口味的商品不要太多，一般最多6种口味。同样的商品最多采购3种规格。同品类同规格同价格的商品禁止采购，否则会造成店内商品互相竞争的情况，注意区分价格区间。

生鲜是最难处理的区域，尤其是果蔬冷鲜肉，一般摆放到正对大门的最里面。生鲜区域规划好后，食品区中的调味品的区域基本就定了，离生鲜区域最近的地方，一般放在靠墙货架上。因为靠墙货架比较高，如果一排货架能全部摆满调味品的话最好，顾客买完蔬菜，经过调味品通道，可以一次买齐所有所需调味品，直达收银台。

生鲜中又细分为水果蔬菜、冷冻冷藏、散装食品和自制食品。果蔬类一般摆放在专用货架上，单面双面都可以。冷冻冷藏主要包括冷鲜肉、冰激凌、饺子汤圆面点丸子。这些一般都是放到冷藏柜、冷冻柜、风幕柜里面的。其中冷鲜肉柜子一般放到店铺最里面，和蔬菜水果放一起。冰激凌柜一般放到门口附近的位置，挨着饮料柜。饺子汤圆等一般放到生鲜区，挨着冷鲜肉柜，或者挨着冰激凌柜也可以。散装食品一般也放到生鲜的区域旁，因为称重方便。散装中的散粮放到生鲜区域，挨着袋装粮食。散装的休闲食品可以放到靠近收银台区域零食区，挨着袋装零食。散装零食尽量使用专用货架陈列，放到小的塑料筐里，能很好地提高货架利用率。自制食品一般放到服务区，主要是收银台台面上，主要包括各种各样的煮食和保温机器，也可以放到收银台后面。常见的有关东煮、烤肠、包子、盒饭、各种自制饮料等。

食品又分为烟酒饮料、小食品、粮油调味三大块。烟酒饮料中的香烟一般放到收银台附近的烟酒柜里，或者收银台下面，或者收银台上面的柜子里。精品白酒、红酒和洋酒等高端酒一般放到收银台附近的酒柜里面。简装白酒上货架，小瓶装放最上面，最大瓶放最下面，中间摆最常见的规格。便宜的红酒一般放到一般货架酒区的最上面。啤酒中玻璃瓶装的摆放在最下面。剩下的货架有两种摆法：第一种，倒数第二层摆放6连包的，其他的摆放单罐的啤酒；第二种，单罐的纵向陈列，6连包的纵向陈列。其他鸡尾酒和小类别酒按口味纵向陈列。饮料又分为功能饮料、乳饮料、茶饮料、果汁饮料、碳酸饮料和饮用水6大类。这个顺序就是从外到里的顺序，就是说，把饮用水这个小类别放到最里面。最上面一层摆放小瓶装的饮料，最下面一层放最大瓶的饮料。超大瓶装的特别是饮用水浪费货架空间，不要采购。小食品中又分为饼干点心、膨化食品、坚果蜜饯、糖果巧克力、方便食品、冲调保健、特产进口，其中饼干点心和膨化食品一般面对面摆放，最便宜的商品摆放在最下层。膨化食品摆放位置好点，面积要大。膨化食品中薯片摆放靠前，其次是虾条等膨化食品，然后是米果类。饼干和面包可以摆放到一组货架上。冲调保健挨着点心面包类摆放。保健品一般店铺不需要，医院门口的店可以采购一些。

坚果蜜饯主要包括豆干、蜜饯、坚果、肉脯等，一般简称为挂件类零食。一定要使用挂钩陈列，否则直接放货架上不美观，顾客不好找，销售效果也不理想。这个品类的商品一般销售都不错，建议采购100种以上的商品。糖果类的小包装类商品一般放到收银台，或者收银台对面的端架上面。袋装糖果可以放到挂件区域。巧克力也可以放到收银台对面的货架上，果冻一般也放到靠近收银台附近的正常货架上面。

方便食品主要包括方便面、方便粉丝、方便米线等，属于半调味品，不要放在醒目位置，可挨着调味品。同时把火腿肠挨着方便食品摆放。方便面可以单包装、桶装、五连包纵向陈列。火腿肠可以将袋装放到上面几层，单支装放到下面。也可以袋装和单支装分别纵向陈列。

特产进口类要分别摆放在专区，如清真食品、进口食品单独设置区域摆放，作为特色区域。

粮油调味又分为调味品和粮油杂粮。调味品中又分为调味汁、调味酱、调味料、酱菜、原糖、罐头。粮油杂粮又分为袋装大米、面粉、油、挂面。

百货中分为三大类：洗化用品和家用百货。洗化用品包含日常用纸、个人洗护和家用清洁。日常用纸包含提纸、女性护理、纸尿裤类。提纸可以统一放到货架最顶端。女性护理主要包括卫生巾和护垫，一般销量很好，放到纸品区最好的位置，品种一定要齐全，品牌可以多一些，但高、中、低端产品要合理规划品种和数量。纸尿裤类可以不用采购，顾客大都去母婴店采购或者网购。如果销售婴幼纸尿裤和成人纸尿裤，就放到纸品类最下面一层。

个人洗护包含洗发用品、洗浴用品、护肤用品、口腔护理、护理用品。此类商品考虑到防盗问题，一般放到收银台能看到的位置，建议放到靠墙货架上面。家用清洁包含衣物清洁、厨房清洁、卫浴清洁、家居清洁、室内清新。此类商品一般放到洗化区最里面。

家用百货比较杂，主要包括日用杂货、文体玩具、五金电料、小针织等。家用百货中的日用杂货有一次性杯子、垃圾袋、保鲜袋、百洁布、水杯、折叠伞、筷子等。家用百货通常只销售常规商品，因为家用百货最杂，各种形状的产品都有，很难摆放得美观。只要能提供80%以上的商品就可以不影响顾客的黏性。

第三步：制定高效的商品定价战术

一、简述常见的商品价格策略。
（1）高低价格策略＿＿＿＿＿＿＿＿＿＿＿＿＿＿＿
＿＿＿＿＿＿＿＿＿＿＿＿＿＿＿＿＿＿＿＿＿＿＿＿＿＿＿
＿＿＿＿＿＿＿＿＿＿＿＿＿＿＿＿＿＿＿＿＿＿＿＿＿＿＿
＿＿＿＿＿＿＿＿＿＿＿＿＿＿＿＿＿＿＿＿＿＿＿＿＿＿＿

（2）稳定价格策略＿＿＿＿＿＿＿＿＿＿＿＿＿＿＿＿
＿＿＿＿＿＿＿＿＿＿＿＿＿＿＿＿＿＿＿＿＿＿＿＿＿＿＿
＿＿＿＿＿＿＿＿＿＿＿＿＿＿＿＿＿＿＿＿＿＿＿＿＿＿＿
＿＿＿＿＿＿＿＿＿＿＿＿＿＿＿＿＿＿＿＿＿＿＿＿＿＿＿

二、简述价格形象模型，描述校园便利店的价格形象。
（1）＿＿＿＿＿＿＿＿＿＿＿＿＿＿＿＿＿＿＿＿＿＿
＿＿＿＿＿＿＿＿＿＿＿＿＿＿＿＿＿＿＿＿＿＿＿＿＿＿＿
（2）＿＿＿＿＿＿＿＿＿＿＿＿＿＿＿＿＿＿＿＿＿＿
＿＿＿＿＿＿＿＿＿＿＿＿＿＿＿＿＿＿＿＿＿＿＿＿＿＿＿
（3）＿＿＿＿＿＿＿＿＿＿＿＿＿＿＿＿＿＿＿＿＿＿
＿＿＿＿＿＿＿＿＿＿＿＿＿＿＿＿＿＿＿＿＿＿＿＿＿＿＿
（4）＿＿＿＿＿＿＿＿＿＿＿＿＿＿＿＿＿＿＿＿＿＿

三、简述商品定价模型，分析校园便利店的定价方法。

（1）商品生命周期定价法_____

_____

_____

_____

（2）心理定价法_____

_____

_____

_____

四、分析校园便利店的价格策略。

_____

_____

_____

五、对校园便利店的价格策略提出建议。

_____

_____

_____

_____

_____

品类管理实训

便利店运用价格弹性定价策略提升品类的盈利水平

商品如何定价才合理？这个问题众说纷纭，可以根据所在商圈、竞争对手定价，也可以根据公司规定的商品毛利率定价。定价不合理的风险主要是：定价太高，可能损失了潜在客户；定价太低，损失了自身的利润。

连锁便利店如何调整各门店的商品零售价，才能增加该门店的收益呢？

这是一个缜密而复杂的工作，不单单是运用价格优势占领市场，还要运用价格策略提高盈利水平，提升竞争优势。零售商要运用其定价策略的各种方法，完成各自占领市场、提升竞争力、保持稳定发展的目的。

定价策略一般有以下几种：

一、依据需求价格弹性定价

需求价格弹性是需求量变化百分比与价格变化百分比的比率，它是衡量价格变化对销售量影响的最直接指标。

当比率大于1时，需求富有弹性（高弹性），可以通过降低价格提升销售量，达到薄利多销的效果；不能提升价格，否则会降低销售量，得不偿失。当比率大于0而小于1时，需求缺乏弹性（低弹性），可以采用提高价格来获取更多的利润。

二、依据价值导向定价

产品自身的价值是定价的关键因素。顾客对产品的价值认知（即心理价格），即愿意为此付出的最高价格。

原本6元的红牛，如果卖5.5元/听，顾客会很容易接受，因为顾客的认知就是6元/听。所以这些商品如果定价5.5元/听的话，可以通过增加销售量来提升毛利的损失。如果无法增加相应的利润的话，建议选择其他策略。

三、依据价格分割定价

这种定价其实是一项心理策略。让顾客感觉实惠、便宜、方便并愿意购买。例如，某顾客去"农家绿园"买东西，在买鸡蛋的时候，货架上有两种包装的土鸡蛋，分别是散装（8.8元/斤）和包装好的一盒（19元/8个），大部分顾客会购买包装好的，其实单价相差无几。这就是用较小的单位来报价。

四、使用模糊价格定价

通过组合商品，巧妙地利用组合后的商品价格，让顾客觉得很便宜、实惠，从而产生购买欲望。例如，将畅销的商品和高利润的商品组合销售。

五、服务差别化定价

通过附加的服务项目，增加零售价格，进而提升销售和销售利润。

第四步：制定高效的商品促销战术

一、简述常见的商品促销的方式。

（1）_____

_____

（2）_____

_____

（3）_____

_____

（4）_____

_____

（5）_____

_____

（6）_____

_____

（7）_____

_____

（8）_____

_____

（9）_____

_____

（10）_____

_____

二、确定校园便利店促销方式的影响因素。

请根据讨论分析结果，填写校园便利店促销方式的影响因素（见表4-17）。

表4-17　　校园便利店促销方式的影响因素

品类角色	促销品类	促销方式
目标性品类		
常规性品类		
偶然性/季节性品类		
便利性品类		

三、分析品类策略对促销策略的影响。

_____
_____
_____
_____
_____

四、选择校园便利店的促销商品。

_____
_____
_____
_____
_____

五、为已选促销品制订促销方案。

请根据讨论分析结果，填写校园便利店促销方案（见表4-18）。

表 4-18　　　　　　　　　校园便利店促销方案

促销目的 （品类策略）					
活动细节		促销 1	促销 2	促销 3	促销 4
促销计划	促销产品				
	促销形式				
	促销时间				
	促销价格				
	陈列地点				
促销投入	活动成本				
	人员要求				
促销好处	定量				
	定性				

操作实例 4-7
超市的促销管理

技能一：促销品类选择的五大要素

1.做促销的品类一定是人们日常生活中使用率高、易消耗或流行性的商品，而且是属于小分类的商品，不是大分类或中分类的商品。

2.在品类促销期内（一般为两周），超市可将此品类商品的促销单品数扩展至正常单品数的五倍以上。例如：灯泡品类在正常销售期时，只有二十几种基础单品，而在做品类促销时可扩展至近二百种各式各样的灯泡单品，即把一个商品点放大而做广、做深。

3.全店的毛利率不会因品类促销而全线降低，即品类促销的毛利率不低于15%。

4.可以为全店的销售带来额外销售额。此品类促销不蚕食本店其他品类的销售额，但可以严重蚕食竞争对手同品类的销售额。促销品类最好为季节性商品或一次性销售商品，这样也不会蚕食该品类在本店的销售额。

5.可以以此品类促销带来更多的客流，带动全店其他品类商品的销售，即品类促销面对的顾客面要广。

技能二：品类促销采购的四大要点

1.促销品类中的商品要品种齐全且花样翻新，要把这个品类商品做深、做广、做透。其单品数量可与一个上万平方米的大型超市的数量相当，甚至要更多。

2.促销品类要尽量集中由1~2个供应商供货，不可再多。而且尽量不收取其他促销费用，以保证进货价格低廉。

3.做季节性品类促销商品时，要比其他商家提前入季1~2周，做到先入为主，先声夺人。

4.品类促销结束后，只保留促销前已有的正常品项数，其余品项的商品全部撤架退货。

技能三：品类促销的价格策略

1.选择品类中1~3款畅销单品做品类促销的惊爆

价。要求其促销售价低于市场正常售价的30%~50%，毛利率控制在1%~5%。

2.选择品类中5~8款较畅销的单品做品类促销的超低价，要求其促销售价低于市场正常售价的15%~30%，毛利率控制在10%~15%。

3.促销品类中的其他单品全部为正常促销价，要求其促销售价低于市场正常售价的10%，毛利率控制在15%~20%。

4.品类促销结束后，留下的品项售价在仍有促销库存的前提下继续保持比市场正常售价便宜10%。直至促销库存归零后再回价到正常。

技能四：品类促销的卖场管理

1.扩展促销品类的商品陈列面，充分利用店促区、端架、地堆，最好将品类促销的商品集中陈列，突出惊爆价和超低价商品的陈列面。

2.正常促销单品依单品陈列面的满架存量的十倍货量下首单订量。惊爆价、超低价的商品要加大倍数。时时跟踪销售，及时补下订单。但在促销结束前三天要控制正常促销售价的品类单品的订量，允许断缺货，对惊爆价、超低价的品类单品要缩小陈列面，不要发生断缺货。以上措施的目的是减少促销结束后的退货压力。

3.针对一些品类促销，要增派现场售卖的促销员，加强引导消费，全面、深入、细致地展现该品类的系列商品。

技能五：促销海报的要求

1.品类促销的主题及惊爆价商品要突显在海报封面的全版面。

2.专辟出海报的一个专页刊登促销品类的重点商品，要突出促销品类的多样性及价格优势。

技能六：品类促销的周期性和时限性

1.周期性：同一品类促销一年中最多搞两次。

2.时限性：一个品类促销时段最好为两周（14天），不宜太短（因品类促销有很强的口碑传播性，时效长），也不宜太长（抓住销售的黄金期，降低库存压力）。

◉ 知识积累

一、高效的商品组合

高效的商品组合就是对现有品类进行优化。从零售商的角度看，就是零售商对商品结构进行更新维护的过程，主要包括对滞销商品进行淘汰和引进新品。高效商品组合的目标是增加商品的多样性，降低商品的重复率。

二、高效的空间管理

空间管理是根据顾客购买决策树、品种及品牌的市场占有率和市场趋势等，结合货品在店内的销售比例及其他指标，用科学的分析方法确定货品在货架上的陈列位置和陈列面，从而优化空间分配，使有限的货架空间创造出最好的销售效益。空间管理包含门店布局管理和货架空间管理。

三、高效的商品价格策略

1.高低价格策略

零售商制定的商品价格有时高于竞争对手，有时低于竞争对手，会出现波动，同一种商品的价格也会经常变动。

2.稳定价格策略

零售商基本上保持稳定的价格，不在价格促销上过分做文章，包括每日低价策略和每日公平价策略。

3.价格形象模型

影响商店在消费者心目中价格形象的因素主要有三个：价格优势、性价比和价格诚实度。

四、高效的商品促销

高效的商品促销是指在商业活动中，商家通过各种方式将产品或服务的有关信息在市场上传播，帮助消费者了解产品，认识产品，使消费者对产品产生兴趣，进而刺激其购买欲望，促使其采取购买行动的系列活动。

高效促销具备以下特点：达到促销目标、增加忠实消费者、增加销售量、系统成本最低。

商品促销有以下几种方式：降价式促销、有奖式促销、打折式促销、竞赛式促销、免费品尝和试用式促销、集点赠送式促销、展览和联合展销式促销、主题促销、其他促销。

案例讨论 4-2

案例 1：格力的品类多元化之路

说到格力，就是空调的代名词，这意味着格力是中国乃至世界上做空调最成功的企业。事实上，格力也是凭借着在这个品类上的成功，在众多家电企业中脱颖而出，建立起专属自己的市场地位，最终获得了成功。

但是，现在，格力似乎乱了。格力进行品类多元化，开始做冰箱，然而冰箱不属于格力自身而是外部收购的体系。这对于格力来说，也许不是好事。

一、多品类的实施本质是为了保障业务的增长

格力在注重自身品牌价值提升的同时，也在不断提升科技力量的价值，想要借助格力的技术领先而最终实现产品领先。但是格力技术的领先并没有形成对格力的保护，反而给竞争对手提供了竞争的方式选择，比如美的就采用了对抗竞争的模式。当格力说自己省电 30% 的时候，美的以更大的声音说自己省电 40%，强调一晚一度电。格力在这种竞争方式下，所能采用的解决方案非常有限，最终只能淡化、弱化直至不再发出省电 30% 的声音。

空调竞争已经到了非常激烈的程度，格力对于自己空调能绝对取胜的把握也越来越小的时候，需要为业绩增长找到新的支撑点，这就意味着进入不同的业务类型。所以，品类多元化成为格力战略的一个重要过程，但是这个过程对于格力，究竟是生路还是死路？

二、格力在谨慎中前进

格力对于自己品牌的影响力是非常清晰的，如果有一天格力生产了其他产品，那对格力来说将是一个灾难。消费者对于格力＝空调的理念会在一夜间崩溃，也会直接影响格力的空调业绩。空调对于格力来说，是企业赖以生存的立身之本。也正因为格力对于自身品牌有着深刻的认知，所以在品类多元化的过程中，非常谨慎地采用了多品牌战略。晶弘冰箱相对格力来说还是一个独立的品牌，虽然最终采用"格力晶弘"这个联合品牌是发展的必然，但是可以看出，在现阶段，格力还是受制于冰箱对自己的副作用。

格力的品牌发展逻辑是这样的：

1.格力是空调的顶级企业，格力就是空调。

2.空调是需要科技的，因此，格力的科技领导着行业的发展。

3.格力是具有极高科技含量的电器企业。

4.格力销售晶弘冰箱，业绩开始额外增长。

5.消费者认知格力产品中有冰箱，形成真正的认同，淡化格力＝空调的观念。

6.逐步弱化晶弘品牌，实现联合品牌，成为格力晶弘。

7.强化消费者认知，格力是高科技电器企业集团，产品与生活相关。

格力的整体品牌发展路径是正确的，但是在实施的过程中弱化晶弘给格力带来的负面影响，是格力必须正视的问题。在转变的过程中，格力在未来的一年内将面临巨大的危机，究竟是继续传播空调的价值与技术含量，还是弱化格力在空调领域的价值？

如果强化在空调领域的价值，意味着格力必须为保证空调业绩而持续努力，短期内不能进行品类多元化，也就不能放大多元化产品对于格力的业绩贡献价值；如果是弱化在空调领域的价值，而是改成一个具有高科技的价值体系，那对美的来说是天赐良机，会直接用精准狠的产品定义模式，强力抢占格力所空出来的市场空间，迅速将格力挤到被动的境地，甚至会造成对格力核心业务的致命一击。

三、格力进行单品牌多元化必败

格力不同于美的，两个企业的发展有着不同的历史背景。

美的从一开始就是以模仿为产品发展思路，以"生活家电大品牌"拉动消费者认知的优质形象企业，他们对于消费者的拉动，根据不同阶段主流产品的关注而及时跟进，因此，在消费者心目中，并没有明确美的=电扇或者美的=冰箱的概念，在消费者对于美的不存在认知固化的情况下，消费者只相信美的就是大牌，就是名牌，就是真正掌握科技力量的企业。而格力的品牌建设，比美的要精准，在阶段竞争中，格力优势明显，但是进入到生活大家电这个领域，格力并不占优势。

格力＝空调，这是格力的价值，也是格力的桎梏。当格力在空调领域喊声很大时，他们任何非空调的产品都将遇见难以企及的困难。可以想象消费者面对格力的冰箱时的态度：格力的冰箱，能行吗？是不是把空调技术放上来了啊。如果消费者质疑，那就意味着格力不被认知。

对比两家企业的品牌结构（如图4-5、图4-6所示），就很容易发现各自的成长基础不同，因此可以判定，结果也必然不同。

美的科技，生活更美！

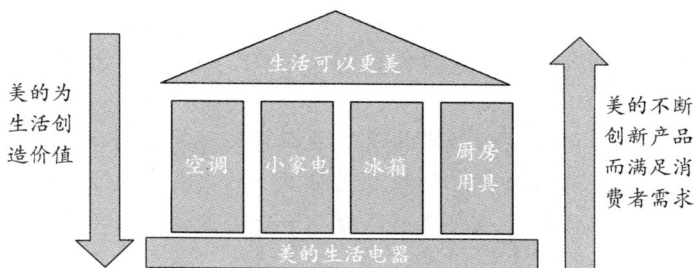

图4-5　美的品牌结构

我们可以发现，美的的业务与品牌有着高度的匹配性，这意味着美的可以给消费者更多的期待和选择，是一个和百姓生活密切相关的企业。甚至可以说，美的将自己的品牌建立成一个平台，在这个平台上，只要对消费者有一定的价值，都会逐步被纳入到这个平台上来。

格力科技，空调更好！

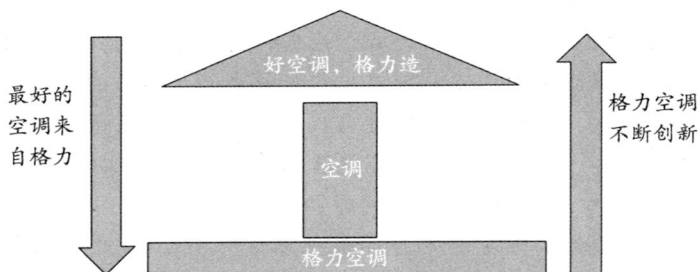

图4-6　格力品牌结构

　　消费者对于格力的认知，则是认为格力越来越专业，如果要买空调，当然要选择格力。消费者相信格力的专业，所以才会选择格力的空调，但是并不意味着相信格力的其他。

　　格力的品牌，只能让消费者在特定时间想到他，而美的品牌，则让消费者会经常想起他。从消费者对于两个品牌的联想认知可以发现：格力——一个专家——专业但是离我较远，特定时间我需要，更多时候我不要。美的——一个主妇——不一定专业，但是时刻都在身边，熟能生巧，更贴近人心。

　　在这样的背景下，如果是用格力这个品牌实现品类多元化，那就需要让消费者强行接受一个价值："如花"真的是美女！格力如果想实现单品牌多元化，必败。

　　四、格力多元化如何成功？

　　格力作为专业领域中最成功的企业，不愿意被天花板挡住发展的路，进行多元化是必有的路径。那么，如何才能保障格力多元化路线的成功呢？

1. 独立品牌的运作

格力是一个专业品牌，更是一个专业平台。如果是采用格力这个品牌进行多元化，会弱化这个专业形象，对于格力是弊大于利。因此，必须采用与格力无关的品牌进行多元化，例如晶弘冰箱，在较长时间内必须去格力化，不仅不能采用联合品牌的方式，更不能期待在格力现有渠道（专卖店）进行销售就能获得规模收益，与格力脱离得越干净，越有生存的可能。

2. 格力构建生活平台的虚拟品牌的逐步建立

格力是一个过分务实的品牌符号，因此，格力这个品牌等于已经被固化了。格力集团可以在格力这个名称之外，找到一个虚拟化的平台名称，就如曾经流行过一段时间的"王老吉，加多宝制造"一样，创造出一个新的平台。在这个新平台的建立过程中，用格力为新的平台做加法，加强新品牌的力量而不弱化格力品牌的力量，这样就能逐步建立一个新的平台。

3. 格力全渠道的建立

格力作为中国最专业的品牌之一，专卖店是其重要的渠道，曾经与国美等终端平台的矛盾，导致了格力的渠道单一化。这也束缚了格力的发展，尤其是多元化发展。在渠道层面进行扩展，对格力来说是更重要的战略步骤。当然，为了防止不同渠道的产品价格混乱，完全可以采用特有渠道供应特定产品的模式，适当地缓解不同渠道间的对立。

4.改变格力的运营架构，成立多事业部制

以业务形态、渠道区隔和品牌模式的差异，形成不同品牌的独立运作，最终形成不同业务类型的独立运作，这对于格力是至关重要的。格力不仅要有独立的事业部进行不同的业务支持，更关键的是未来在集团掌控领域要针对不同的业务和品牌进行实际的管控。格力作为最终隐藏于大部分业务之外的一个投资者背景，更能实现格力的王者之路。

展望格力的多元化之路，按照图4-7进行运作，将来一定获得成功。

格力空调，A 的品质证明！

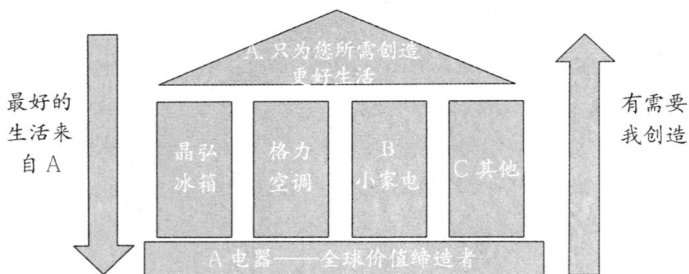

图4-7　格力多元化之路

我们真诚地希望，一个成功的民族品牌，能有更开阔的视野，不仅是有业务的多元化，更要有经营的多样性和品牌的延展性。

【问题讨论】

评价格力的品类多元化战术能否成功，并给出理由。

案例2　天福门店的价格政策调整

　　某天福门店开业已经半年，销售情况还可以，但是整体商品毛利偏低。开业后针对一些商品进行过调整，但是效果不明显。该门店希望在不增加成本的前提下，提升门店整体毛利。

　　经过调取门店最近的销售数据，进行现场调研，对该店的商品进行了调整，同时加入一些促销组合推进。其中类别商品运用的价格定价策略就是"需求价格弹性分类定价"，将商品进行了分类，并对其中一些品类价格进行了调整，调整前后的数据对比如图4-8所示。

　　通过以上数据我们可以发现：

　　1.通过提高该类别商品零售价对顾客需求量的影响很小。

　　2.采用提高该类别商品零售价增加了销售，季度环比提升38.94%。

　　3.毛利额提升了将近一倍，环比增长91.11%。

　　4.门店调整后销售量没减但是毛利率提升了，并平稳上升。

　　5.如果提升该类别商品的零售价，门店将损失500元/季度。

　　没有做这种调整的同类门店，该品类毛利率还是停留在23%~25%，个别达到了28%。所以如果不调整这些类别的商品价格，门店会损失利润。

　　基于这种情况，总部针对该类新开门店进行了基本商品零售价政策的调整，为门店争取最大的利益。

某店品类第二季度销售汇总表 （调整前）

月份	销售量	销售额	毛利额	毛利率
6	49	1 056.5	246.4	23.32%
5	45	840.5	205.3	24.43%
4	16	282.7	57.8	20.45%
小计	110	2 179.7	509.5	23.37%

某店品类第三季度销售汇总表 （调整后）

月份	销售量	销售额	毛利额	毛利率
9	42	781	263.8	33.78%
8	52	1124	368.7	32.80%
7	42	1123.5	341.2	30.37%
小计	136	3 028.5	973.7	32.15%
环比增长率	23.64%	38.94%	91.11%	37.55%

某店品类月销售汇总表 （未调整）

月份	销售量	销售额	毛利额	毛利率
4	12	243.5	70.6	28.99%
5	17	377	94.3	25.01%
6	9	144	37.3	25.90%
7	13	366	87.6	23.93%
8	25	729	164.2	22.52%
小计	47	1239		

图4-8 需求价格弹性分类定价调整前后的数据对比

【问题讨论】

作为门店店长，请说明该采用什么样的价格策略提高商品价格。

◎ 实训评价

通过学生自评、学生互评、教师点评等三种形式对学生在实训过程中所体现出来的人员素质、实训态度、工作能力、实训结果等方面进行综合考核，并填写品类战术制定考核评价表（见表4-19）。

表4-19　　**品类战术制定考核评价表**

班级：　　　　　考核对象：　　　　　考核时间：

考评标准	考评分值（分）	得分（分）
合理制定高效商品组合战术	20	
合理制定高效空间管理战术	20	
合理制定高效商品定价战术	20	
合理制定高效商品促销战术	20	
资料收集与整理内容全面、具体	10	
团队合作协调	10	
总计		
评语		

综合案例

品类制胜——哈尔滨啤酒全国品牌之路

2008年，全球最大啤酒集团百威英博和全球第二啤酒制造商SAB米勒完成了历史性的整合，形成了全球啤酒行业的超级航母。但对于作为全球消费和生产第一大国的中国来说，两家公司合并后的销量仅仅排名第三，且没有一个真正意义上全国性品牌。合并伊始，新成立的百威英博公司，迅速确立了以哈尔滨啤酒为全国主推品牌。从此，哈尔滨啤酒从一个区域性地方啤酒品牌跃升为全国性大品牌。短短3年时间，哈尔滨啤酒东北市场以外的销量从3万吨发展到超过50万吨。今天，从销量来看，还远远不如青岛、雪花这些全国性大品牌，但其每到一处凭借其卓越的品牌表现，威胁和掠夺着当地乃至全国性啤酒品牌的市场份额。哈尔滨冰纯啤酒犹如一匹黑马，震动了啤酒市场，彻底地改变了中国啤酒行业品牌塑造的潜规则，重塑冰啤品类，后来居上、势不可挡！

哈尔滨啤酒品牌用3年时间，完成了从"传统"到

"时尚"、从区域性到全国性品牌的华丽转身。在这期间，哈尔滨啤酒经历了放弃"中国最早的啤酒"这一最大沉淀价值的痛苦抉择，更创造了励精图治、后来居上的品类制胜的传奇。哈尔滨啤酒在打造新品牌定位的过程中，遵循着以下原则：如何重新定义并保护自己的品牌的基因；如何同目标消费者建立一种持久的、超越产品和服务的情感纽带；如何成为某些不受时间限制的价值引领的领导者；如何将品牌价值渗透到组织的每个细胞之中，并成为品牌的出色守护人。

一、深入挖掘，洞察先机

哈尔滨啤酒要想在短期内在全国范围内与青岛、雪花这样的一线品牌形成直接的对抗，甚至超越它们，仅仅是对过去的品牌定位进行升级是不够的，它必须是颠覆性的，是以新品类为出发点的重新定位。然而，新品类的诞生面临着极大的风险，因为现有的消费者都属于老品牌的惯性消费群体。习惯是顽固的，没有充分的理由，人们很难从老品类转向新品牌。因此新品类必须把原有的老品类准确地定义为自己的对手，并通过对立性的定位，从老品类中争取到更多的消费者，赢得更多的注意，从而实现更快速的增长。换言之，如果新品类没有一个好的定位，品类成长的速度将非常缓慢，品类发展的空间也极其有限。

那么，应该用什么方法才能找到哈尔滨啤酒全新定位，从而重塑一个新的品类呢？啤酒是低科技含量的产品，真正依靠产品本身的技术的机会并不多。同时，由于这是一个非常成熟的行业，各种定位的方向都在被不同的企业和品牌不断地尝试，最后都脱离了产品本身价值而走向"活力""激情"，品牌定位的同质化已成为这个行业不争的事实。如何为哈尔滨啤酒重新定义品牌，发掘新的定位呢？面对混乱的现状，哈尔滨啤酒决定回归，回归到啤酒的本源来挖掘品类塑造的原点。因为，哈尔滨啤酒坚信，只有回归根本才能拨开迷雾，毕竟要寻找的是要立足全国的品牌视角，是要去引领方向而不是应对竞争，且对未来有足够的包容和延展能力。为此，哈尔滨啤酒将品牌与市场的现状搁置一边，而从啤酒这一本质属性去展开挖掘，去寻找那些能够将消费者内心深处与啤酒的基本价值完成对接的元素，对有关啤酒的一切资料、一切感受、一切看法、一切思想做了一次深入的挖掘。

第一阶段：从啤酒的历史看品类的未来

第一阶段是尽量收集关于啤酒的信息，并进行深入的分析，其中有风行欧洲多年的传统手工啤酒，也有中国流行的种类繁多的现代啤酒。哈尔滨啤酒发现的第一件事是，啤酒传入中国后，改变了其本来的面目，品质的好坏已偏离了啤酒本身的属性，而单纯依赖消费者熟悉的口感。其实，第一批啤酒可能是一次"幸运事故"的产品。随风飞舞的酵母类物质飘落到潮湿的大麦中，引起了发酵反应，这与野生酵母飘落到葡萄中导致葡萄酒诞生异曲同工。传统的啤酒酿造和中国的白酒一样，是通过"作坊"来酿造的，将各种纯天然原料以手工的方式混合酿制而成。随着技术的不断发展，酿造方法和技艺也不断进步。

钢制大罐代替了昔日的陶瓷，成了烹煮和发酵的容器；生芽和烘焙（对麦芽进行加热处理使之具备适当口味和色泽）技术日趋成熟；酵母是酒坊唯一保留的东西，以确保口味的一致且作为与对手相区别的关键武器。这样，我们今天叫作"啤酒"的各种品类——暂且称之为现代啤酒——于18世纪早期才现身于世。而啤酒进入中国，就是以工业化的"现代啤酒"的面目出现的，在绝大多数中国消费者眼中，它更像是一种新的饮料，似乎与工艺复杂的酿酒业毫不相干。所以，每次哈尔滨啤酒在进行啤酒消费者访谈时，感受到人们用于描述啤酒的语言与普通的饮料极其相似，比如"爽""口感好""顺喉"等等。客观地说，中国的啤酒消费者基本上不懂得啤酒，更谈不上真正懂得品评啤酒的好坏。他们不懂得啤酒是由大麦、米、酒花、酵母等原料酿造，连最基本的外在评价标准：啤酒的泡沫洁白细腻、挂杯持久（人们的常识中在倒酒时不要出现泡沫，而真正的啤酒倾倒应该是1/3泡沫和2/3酒液）也知之甚少。造成这种现象的主要原因是中国的啤酒企业，在传播品质时以工艺设备为主，殊不知真正决定啤酒口味和品质好坏的是其原料和酵母。这是问题，更是机会，对于立足于后来居上的品牌来说，有理由通过引导消费者重新认识啤酒来建立哈尔滨啤酒的权威地位，这对最早将啤酒引入中国的哈尔滨啤酒自然也是顺理成章的事情。

第二阶段：通过焦点访谈寻找消费者的心智需求

在第二阶段，哈尔滨啤酒在北京、上海、成都和香港与经常喝啤酒的人进行了一系列的焦点座谈，其中包括但不完全限于哈尔滨啤酒的核心目标群体。与常规的座谈会不同的是，哈尔滨啤酒将访谈的地点选在了酒吧，在饮酒的现场来挖掘消费者的真实感受，请他们说出自己理想的啤酒。哈尔滨啤酒尽量将啤酒消费的价值体验转化成"需要"的语气。比如"我现在需要一瓶什么样的啤酒""我在什么时间、什么场合需要饮用啤酒"，并细分为一些"时间段"与"生活习惯片段"。事实证明，啤酒已经成为人们社交的重要道具，尤其在健康风潮更甚的今天，啤酒以其酒精度数低、易于入口等特点逐步替代白酒。啤酒的饮用时机在不断地扩展：朋友聚会、商务宴请、家庭独饮、酒吧狂欢，不同的消费者在不同的场合饮用着不同档次、不同价位的啤酒。或许消费者无法像啤酒行家那样去品鉴一杯啤酒的优劣，却也有对啤酒的评价标准——冰的、爽的——无论是什么价位的啤酒都是如此。的确，啤酒的最佳饮用温度在4~6摄氏度之间，这时的啤酒口感清洌、新鲜爽滑，但与其他饮料不同的是，好的啤酒有其独特的风味和回甘。因此，仅仅让消费者知道哈尔滨啤酒的啤酒是"冰的、爽的"还不够，必须回归啤酒的本源，即在纯正基础上的冰爽感受。

同时，对啤酒消费感受的挖掘并没有停留于理论层面，在座谈现场邀请受访消费者品尝地道的哈尔滨啤酒，其间他们经历了一个"逐渐开放"的过程。最初，人人都带着虚伪的面具——啤酒是社会交往的道具；酒至半酣，人们的意志力开始减弱，他们开始展现更加真实的一面。在啤酒发烧友的心中，啤酒可以消除焦躁的情绪，扯下他

品类管理实训

们虚伪的面纱，让他们以诚心面对一切。调查发现，啤酒的作用和其他酒类不同，它不仅能彰显人们的豪爽之气，更是放松自我的一种工具。它不会像白酒那样使人醉得不省人事，而是微醉之后不失理智的放纵，是"自我的""酷的"表现。

第三阶段：品牌检视，明确品牌定位的方向

第三阶段是直接针对哈尔滨啤酒品牌印象的。到这一阶段，哈尔滨啤酒已经建立了有利的氛围，可以对这一话题做更深入的挖掘了。哈尔滨啤酒已经了解了产品范畴、行业特质、消费者需求状态，以及情感的驱动因素。现在，需要进一步检视哈尔滨啤酒在价值元素图上的位置，不仅包括希望它处于哪个位置，应该走向何方，还有它在现实中的位置。得到的信息与之前所提的定量概念测试基本一致，在那些略懂啤酒发展史的消费者眼中，哈尔滨啤酒是一个传统的、受人尊重的啤酒品牌，它将啤酒带到中国，使其彻底地融入人们的生活之中。然而，在更多人看来，啤酒的百年传统与啤酒的时尚元素是矛盾的，百年传统并不代表是最高品质的啤酒，百年传统也无法成为打开南方消费者的"心理通道"。而令人欣喜的是，哈尔滨的地理优势再次得到了验证，"天然、冰雪、纯净"的区域特性与消费者对啤酒的完美追求可谓不谋而合，这正是消费者所期待的产品。历经了这三个阶段的"大挖掘"，哈尔滨啤酒取得了巨大的收获：对多数人，尤其是70后、80后的人来说，"啤酒"远非一个只用来喝的产品，它帮助人们舒缓情绪、宣泄压力。与其说要给消费者提供一款出色的产品，不如说是提供一次伟大的啤酒体验。它需要为消费者营造一种氛围，一种超越单纯产品的关系。当然，如果不能传达比其他啤酒更有价值的东西，也就不会有完全意义上的超越。有了这些挖掘，就更容易抓住机会，集中精力，使品牌最大限度地与啤酒体验相关。

二、定义品牌，明确宗属

接下来，要为哈尔滨啤酒的全国品牌进程进行定位，以突破竞争对手的"心理防线"。非常值得庆幸的是，前面的大挖掘让哈尔滨啤酒可以跳出啤酒行业的常规思维，重新聚焦到啤酒的"第一特性"上去思考。啤酒的第一特性是什么？冰爽。在启动这个战略定位之前，中国的其他啤酒品牌同样意识到了这一特性，只是将它作为产品利益进行传播，但一直在"激情""时尚""活力"等概念上徘徊。其实，这些概念是品牌的调性，而不能当作吸引消费者的价值定位。成功的品牌战略定位通常都是明显又简单的，并且应当与消费者既有认知相吻合。

1.重新定位

像"新哈尔滨啤酒是什么"或"新哈尔滨啤酒品牌的本质是什么"这样的基本问题在最后为哈尔滨啤酒确定全国品牌定位时，成为内部激烈争论的话题。争论的焦点就是如何在选择"冰爽"这一特性的同时，不局限于单纯的品质化。啤酒品牌单靠品质是无法连通消费者价值取向的，哈尔滨啤酒必须超越其纯粹的品质视角来占位啤酒的第一特性——冰爽，要给消费者带来的是从理性到感性的全面冰爽体验，而非仅局限于产品本身。最终，品牌定位为"最酷的冰爽体验"："哈尔滨啤酒让我理解与众不同的冰感与吸引，入口的一刹那，湛蓝的冰凉贯穿我心，鲜活得无法按捺，让我从不怀疑，年轻的自信是一旦老去就不会再有的资产，太多的惊奇等待我去体验，冲劲十足是唯一的途径，享受此刻愉悦舒畅，何来曾经遗憾？"——这不是关于产品的，而是关于价值的，它是"纯净的、明亮的、动感的"。这种独特的品牌定位帮助哈尔滨啤酒扩大并统一了品牌的接入点，无论何时何地都能保持一致性的"冰爽"基调。

2.启用新品牌

在确定了新的品牌定位后，一个巨大的矛盾就摆在哈尔滨啤酒的面前。哈尔滨啤酒一直以来都是以"经典、传统"为主要诉求的，就连最主要的高端产品也叫作"1900经典"，要想在此基础上完成哈尔滨啤酒的转型，这原本就是矛盾的，所以必须启用新的品牌名来开创新的品类，实现与品牌定位的无缝连接。与一般新品类启用新品牌的方式不同的是，哈尔滨啤酒要将一只脚稳踏过去而将另一只脚坚定地迈向未来。在新品牌的命名上，遵循了简单、顺口、寓意品类特性的原则，取名为"哈尔滨冰纯"——传承了哈尔滨啤酒的多年积淀，使这个品牌进入全国市场时不再是没有来头的"毛头小伙子"。更重要的是，哈尔滨的冰天雪地，正是全国的最佳冰爽品质的"保证书"。"冰纯"则用最简单的方式展示着品类的第一特性，是品牌定位的高度概括。

3.标志性视觉

品牌的象征性视觉是品牌独特性的重要组成部分。在确定品牌定位和新的品牌名后，哈尔滨啤酒对新品牌的视觉系统进行了全面的改造，包括色彩、LOGO和外观。在色彩方面，同样做出了颠覆性的改造，从传统的绿色向富有冰冷、纯净寓意的天蓝色转变，而这个色彩与国内的所有啤酒几乎都是有着明显的区别。品牌的经典形象也有利于强化品牌/品类的独特性，哈尔滨啤酒在考虑新的LOGO时，放弃了"马车房子"的传统印记，而以"冰山"为主要的视觉图形，更直观地表现了品牌的全新价值。另外，哈尔滨啤酒还设计了特有的"透明冰凌瓶"，增强了货架的陈列效果，给人以纯净、清凉的感觉，达到了强烈的提示消费的作用。至此，哈尔滨啤酒实现了新品牌的华丽转身，完成了品牌再造工程。

三、孕育期：滑翔推进，品牌落地

经历了大挖掘并明确了新的品牌定位这一系列过程之后，对新品牌/品类的规划阶段已经完成。下一步就是要考虑如何将规划中的新品牌铺向市场，进入潜在消费者的心中。这是一个难题，尤其对于有着雄厚资本保障，且有意快速攻占全国市场的哈尔滨啤酒来说，很容易犯"广告品牌"的错误，会走向风尚化发展的道路，即在取得一时的炫目成功后很快走向衰落，及至最后熄灭。为此，哈尔滨啤酒选择了"飞机滑翔式启动"的模式，先缓慢稳步发展，积蓄势能，然后等到新品牌/品类逐渐被消费者所了解、接受后，再迅速推广。

1.创造品类趋势

"飞机滑翔式"的启动模式就是要创造一种趋势。在这种模式下，品牌较均匀地加速发展，在得到最初的认知后，有一个相对较长的低速阶段作为品牌和品类的孕育期，让潜在消费者有机会缓慢而充分地了解品牌和品类，深入认识其价值。首先，新品牌及新产品类别难免会有一些缺陷，慢节奏的推进，使品牌有时间和机会根据市场反馈来修正和完善，与之同时，品牌会在此过程中培养出第一批忠诚而成熟的消费者，从而慢慢强大起来。因此，在上市的第一阶段，哈尔滨啤酒必须担当起教育消费者的责任，让人们真正地认识到啤酒的第一特性。推出代表新品类的品牌最重要的问题是可信度，为"冰纯"找到了足以支撑的理由——独特的零下2摄氏度冰点酿造工艺、精选上等的天然原料、高山雪水，赋予了每一滴哈尔滨冰纯啤酒冰爽、纯净的口感。如此，哈尔滨啤酒就能创造一种新的消费趋势，即好啤酒应该是冰晶爽透、干净利落的。

2.选择战略原点

当然，稳步推进并不代表随意推进，它要求品牌打造、创造出"由高到低顺势推进"的市场态势。也就是说，要力求让新生品牌先拿下最有影响力的市场，再依次带动受其影响的下级市场，以使品牌每一步的市场拓展，都是趋势而去，顺势而为。要做到这一点，就必须有目的性地选择品牌进入的战略原点，它包括原点人群、原点市场，而这个选择的基础则在于对渠道的正确选择。有着丰富中高档啤酒市场运作经验的百威团队，在操作哈尔滨冰纯的过程中同样表现出了超凡的能力。与国内多数啤酒企业粗放型的市场进入规划相比，他们没有选择盲目地铺市或盲目追求网络数量和曝光度，而是确定了阶段性的原点市场。确定了一个重点的试验性市场，并通过82个百威经销商在56个市场同时上市。有一条纪律令哈尔滨啤酒非常认同，即每个市场都要按照划定的目标申报进店的数量，且必须列出具体的名单（A类餐饮）。通过对渠道的选择，能够帮助哈尔滨啤酒聚焦于哈尔滨冰纯的原点人群，在A类餐饮往往是啤酒消费的高势能人群，也就是人们常说的"意见领袖"。一旦他们选择了对哈尔滨啤酒的信任，品牌的权威性和话语权就会不断增长，品类利益则会发挥出积极的、正面的影响力。

3. 规划市场推进

若想新品牌不落入"风尚化"的陷阱，最佳的市场推进手段不是广告，而是公关。公关推动口碑传播，为品牌建立可信度。只有在品牌获得一定可信度后，跟进的广告才能充分发挥作用。因此，哈尔滨啤酒以公关开场，取得了良好的效果。在香港，邀请曾志伟为代言人，以美食节活动为主题，联合香港美食协会，让美味与冰纯得到了完美的融合。在全国市场，推出了大型的冰纯邮轮公关，让哈尔滨冰纯带着消费者走向纯美圣地，领略冰爽纯净的人间仙境，从而加深了消费者对品牌的理解。有了这些精准的举措，哈尔滨冰纯在多数市场成功落地。

四、起飞期：主导品类，演绎传奇

两年时间，在百威团队的操作下，"冰冷"概念在原点人群中得到了高度的响应，一个新的啤酒品类——冰纯啤酒出现了。换言之，哈尔滨冰纯已经走出了战略原点期。要想获得更大的回报，核心目标就必须推动品类的发展，扩大品类市场，以此来完成从产品品牌向推动企业品牌的过程发展，最终成就哈尔滨啤酒品牌的全国攻略之路。接下来品牌可能进入一个高速的成长期，但挑战同时随之而来：越是高速的发展，越是难以保持。一方面，品牌必须为自己及时补充品牌势能，保持高速发展，乘势冲上一个较大的规模。而另一方面，市场的高速发展会引来竞争对手的跟进，甚至是遭到市场垄断者的强烈封杀，这就需要及时跟上竞争步伐，以避免先驱变先烈的事情发生。

1.确保心智领先

市场竞争是一个长期的、动态的过程，一旦品牌/品类发展势头良好，新的竞争者必然加入。新品类被消费者认可需要时间，而时间站在领导品牌一边。领导品牌维护品牌的方式就是监视竞争对手，然后封杀其进步空间。因此，在发动攻势之前，哈尔滨冰纯的品类利益必须及时进化。定位的作用是不断地为品类寻找最优的市场空间和市场认知，它需要在相同的方向不断升级。为此，哈尔滨冰纯启动了新一轮的品类利益攻势——冰冻夏日，不蓝不酷——创新感温瓶标科技。感温标识在最佳的饮用温度下，由白色转变为蓝色，这一"奇迹"般的变化，让人对冰纯品类有了更为直观的理解。它巩固了原点人群对冰纯的理性认知，同时在消费现场制造话题，引起人们的关注，进而快速扩大了品牌/品类的认知，固化了品类价值从而令竞争者望尘莫及。

2.保持高速增长

如果说孕育期的重点在于明示品牌归属何种品类需求，在于让人们深入认识这一品类价值，那么到了高速发展期，就应该利用已经形成的光环为品牌注入热销概念，将其塑造为畅销的商业英雄，从而开始走出对品类的依赖，并反过来引领品类成长和扩大需求。在品牌的初创阶段，广告并非有力的手段，而进入高速发展期后，广告将发挥巨大的力量，毕竟扩大品类需求的关键在于让更多的人参与其中。不过，必须指出的是，投入巨额广告绝非一句广告语或一条广告片那么简单，它需要大事件、大公关为背景，因为人们对广告有排斥心理的，但对广告告知他们喜欢的事却是极其欢迎的。2010年，在百威英博的支撑下，哈尔滨冰纯启动了中国啤酒企业前所未有的立体攻势，通过冠名2010年南非世界杯，以大品牌的举动掀起了一场造梦之旅，快速撼动着全国的各个市场。在这场以中央电视台为中心的广告攻势中，哈尔滨冰纯不是唯一的主角，而是以世界杯这一热点话题为中心，在"冰冻南非"的主题下相得益彰，"冰火两重天"的强烈反差让人们在观看世界杯的同时，更为深刻地感受了"最酷的冰爽体验"这一品牌价值。同时，哈尔滨冰纯力邀古力特参加足球训练营活动，席卷了全国88个城市，很好地与中央台的高空声音完成了呼应。2010年，哈尔滨冰纯站在巨人的肩膀上，实现了品类（产品品牌）向企业品牌的飞跃。

到此为止，我们全面地解析了哈尔滨啤酒是如何通过品类战略，完成了从产品品牌向企业品牌的塑造过程，它的成功将一个区域性传统品牌培育成了全国性的超级品牌，从而创造了一个三年时间内迅速崛起的神话。精彩仍在继续，哈尔滨啤酒成为2012年NBA和2014年巴西世界杯中国官方合作伙伴，大事件、大公关必将为其注入持续的增长的势能，或许在销量上不能快速实现超越，但就品牌地位而言，成为行业领导者则是不容置疑的。

问题：走过哈啤品牌的"炼金"之旅，请你谈谈哈尔滨啤酒冰纯品类的成功领先运用了哪些品类管理战略和战术。

主要参考文献

［1］李卫华，彭建真．连锁企业品类管理［M］．北京：高等教育出版社，2012.

［2］高勇．啤酒与尿布——神奇的购物篮分析［M］．北京：清华大学出版社，2008.

［3］沈荣耀．品类管理实务［M］．2版．大连：东北财经大学出版社，2014.

［4］世界经理人．http：//blog.ceconlinebbs.com.

［5］第一营销网．http：//www.cmmo.cn.